MOLDES FEMININOS - NOÇÕES BÁSICAS

Dados Internacionais de Catalogação na Publicação (CIP)
(Jeane Passos de Souza – CRB 8ª/6189)

Moldes femininos : noções básicas / Coordenação de Marilda Vendrame, Valéria Delgado e Rosa Marly Cavalheiro. – São Paulo : Editora Senac São Paulo, 2016.

ISBN 978-85-396-1149-2

1. Moldes e desenhos femininos 2. Modelagem feminina : Moda 3. Vestuário : Moldes femininos I. Vendrame, Marilda. II. Delgado, Valéria. III. Cavalheiro, Rosa Marly. IV. Título.

16-434s CDD-391.1
646.4
BISAC CRA009000

Índice para catálogo sistemático:
1. Moda : Moldes femininos 391.1
2. Vestuário : Moldes femininos 646.4

MOLDES FEMININOS - NOÇÕES BÁSICAS

Editora Senac São Paulo
São Paulo – 2016

ADMINISTRAÇÃO REGIONAL DO SENAC NO ESTADO DE SÃO PAULO

Presidente do Conselho Regional
Abram Szajman

Diretor do Departamento Regional
Luiz Francisco de A. Salgado

Superintendente Universitário e de Desenvolvimento
Luiz Carlos Dourado

EDITORA SENAC SÃO PAULO

Conselho Editorial
Luiz Francisco de A. Salgado
Luiz Carlos Dourado
Darcio Sayad Maia
Lucila Mara Sbrana Sciotti
Luís Américo Tousi Botelho

Gerente/Publisher: Luís Américo Tousi Botelho
Coordenação editorial/prospecção: Dolores Crisci Manzano e Ricardo Diana
Administrativo: grupoedsadministrativo@sp.senac.br
Comercial: comercial@editorasenacsp.com.br

Edição de Texto: Rose Zuanetti
Coordenação Técnica: Marilda Vendrame
Pesquisa e Desenvolvimento de Conteúdo: Rosa Marly Cavalheiro
Desenho Técnico: Rosa Lúcia de Almeida Silva
Acompanhamento Técnico-Pedagógico: Valéria Delgado
Ilustração: Vivian Moraes Machado
Projeto Gráfico e Diagramação: Olívia Ferreira e Pedro Antônio Garavaglia

Editora Senac São Paulo
Rua 24 de Maio, 208 – 3º andar – Centro – CEP 01041-000
Caixa Postal 1120 – CEP 01032-970 – São Paulo – SP
Tel.: (11) 2187-4450 – Fax.: (11) 2187-4486
editora@sp.senac.br
www.livrariasenac.com.br

NOTA DO EDITOR

Muitas vezes, a execução de um molde ou sua graduação torna-se um desafio para costureiros iniciantes e mesmo para pessoas experientes. Para facilitar a compreensão e o desenvolvimento de um raciocínio em modelagem, o Centro de Moda e Beleza do Senac Rio criou este material, que integra o projeto de desenvolvimento de um Método de Modelagem, ferramenta inédita e exclusiva adaptada aos padrões brasileiros.

Moldes femininos – noções básicas foi desenvolvido a partir do estudo de diversos métodos e da experiência da professora Rosa Marly Cavalheiro nos cursos de estilismo, modelagem e costura oferecidos pelo Senac Rio. De forma clara e acessível, o livro apresenta os principais passos para o traçado de moldes femininos, bem como uma tabela complementar de medidas. Ao publicá-lo, o Senac São Paulo visa facilitar o trabalho de costureiros e modelistas e contribuir para a formação de novos profissionais.

SUMÁRIO

MEDIDAS........ 8

BASE DE SAIA........ 11

BASE DE CALÇA........ 19

BASE DE BLUSA........ 25

BASE DE MANGA........ 39

GOLAS........ 45

VESTIDOS........ 51

CAMISA FEMININA........ 57

MEDIDAS

IMPORTANTE: Para se obter passo a passo as medidas da tabela deve-se amarrar à linha da cintura um elástico ou fita, pois esta medida servirá de referência para outras mais.

1. BUSTO – Contornar o busto na altura do mamilo sem pressioná-lo.

2. CINTURA – Contornar a cintura que é a menor circunferência entre o quadril e o busto. Aproximadamente 2 cm acima do umbigo.

3. QUADRIL – Contornar o quadril que fica na altura dos glúteos. Movimentar a fita para que se obtenha a maior circunferência. Em caso de culote, a circunferência maior estará mais abaixo; considerar essa circunferência.

4. ALTURA DO QUADRIL – Medir verticalmente da cintura até a linha do quadril. Utilizamos essa medida invariável de 20 cm.

5. OMBRO – Marcar a partir da base do pescoço até o osso mais protuberante da ponta do ombro.

6. PESCOÇO – Contornar a base do pescoço com a fita em pé (não confundindo com a medida para o colarinho masculino).

7. CINTURA/DECOTE – É a medida que vai da base do pescoço frente até a linha da cintura.

8. COMP. DO BRAÇO – Medir do osso mais protuberante da ponta do ombro até o osso do punho. Essa medida deverá ser tomada com o braço levemente dobrado.

9. COTOVELO – A partir do osso mais protuberante do ombro até o cotovelo.

10. ALTURA DO JOELHO – Medir a partir da linha da cintura até o joelho (no meio).

11. COMP. DA CALÇA – Vai da cintura até a base do pé.

12. ENTREPERNAS – Vai da altura do gancho até a base do pé. Prender a fita a uma régua e medir essa altura.

13. ALT. DO GANCHO – Essa medida se obtém através da diferença entre o comprimento total da calça e a medida do entrepernas.

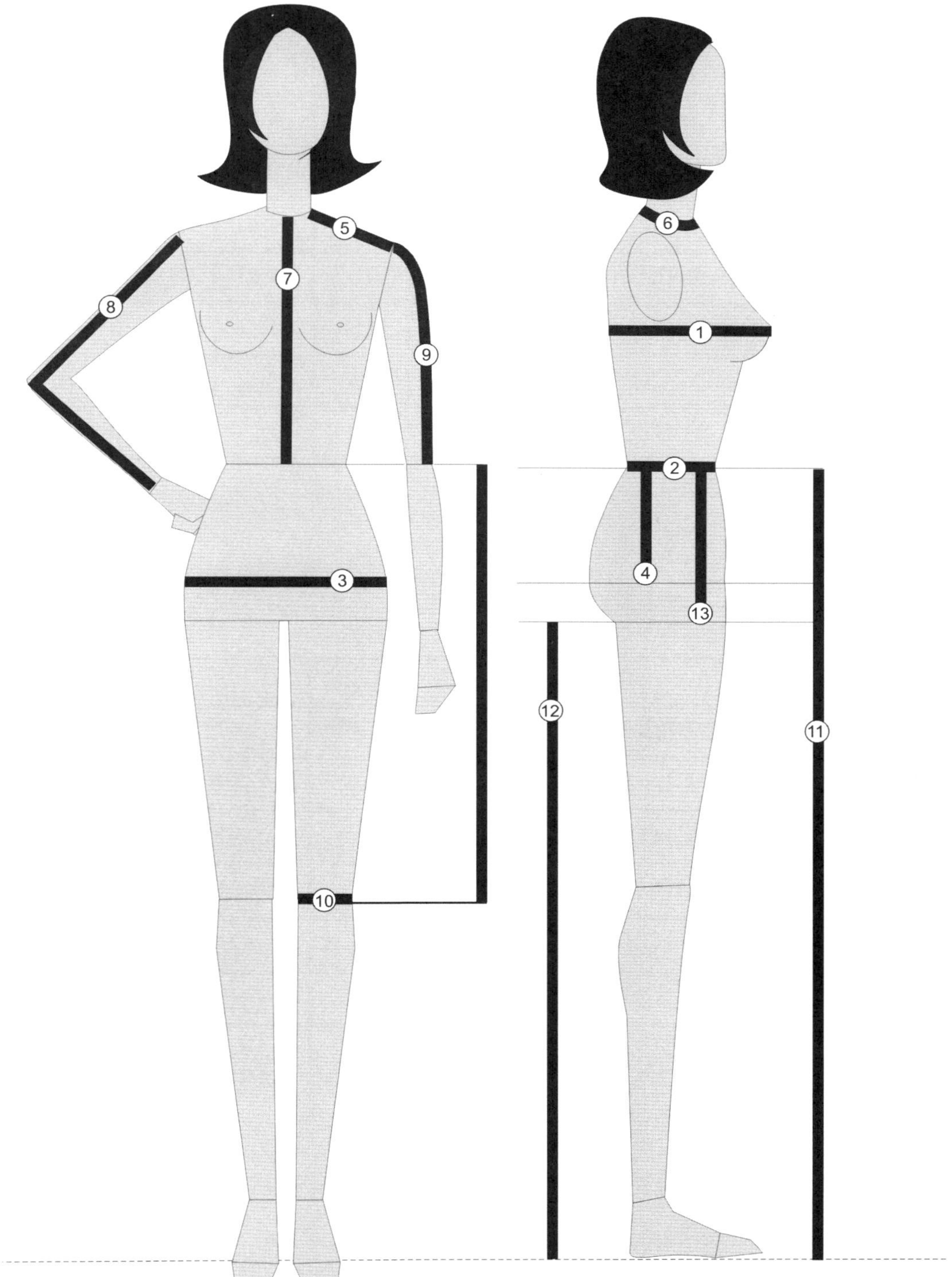

5
7
8
9
3
10
6
1
2
4
13
12
11

TABELA DE MEDIDAS (em centímetros)

	36	38	40	42	44	46
BUSTO	80	84	88	92	96	100
CINTURA	62	66	70	74	78	82
QUADRIL	88	92	96	100	104	108
OMBRO	12,5	12,5	13	13	13,5	13,5
PESCOÇO	33	34	35	36	37	38
DIST. BUSTO	18	19	20	21	22	23

	P	M	G
ESTATURAS APROX.	158	163	170
ALTURA JOELHO	56	58	60
ALT. FRENTE/DECOTE	36	38	40
COMP. MANGA	58	60	62
COTOVELO	33	35	37
ALTURA GANCHO	24	25	27
COMP. CALÇA	100	105	110

BASE DE SAIA

Cintura – 70 (35)
Quadril – 96 (48)
Alt. quadril – 20
Alt. joelho – 58
Pence frente – 2 x 9
Pence costas – 3,6 x 13

1. Traçar um retângulo: 58 x 48
1 → 2 = 58 (linha do joelho)
1 → 3 = 48 (1/2 circunferência do quadril)

2. Dividir o retângulo ao meio no sentido vertical = 5
1 → 4 = 20 (alt. do quadril)
1 → 1A = descer 2 cm (frente)
3 → 3A = descer 1,5 cm (costas)

3. Com a régua de alfaiate traçar a curva da cintura frente e costas até o ponto 5.

4. Cintura
frente:
1A → 6 = 19,5 (1/4 da circunferência da cintura + 2 pence)

1. Pence
frente:
Dividir 1A → 6 e marcar 1 cm para cada lado.
Comprimento da pence de 9 cm paralela à linha de frente.

2. Cintura
costa S.:
3A → 7 = 21,1 (1/4 da circunferência da cintura + 3,6 pence)
Pence costa S.: dividir 3A → 7 ao meio, marcar 1,8 cm para cada lado. Comprimento da pence 13 cm.

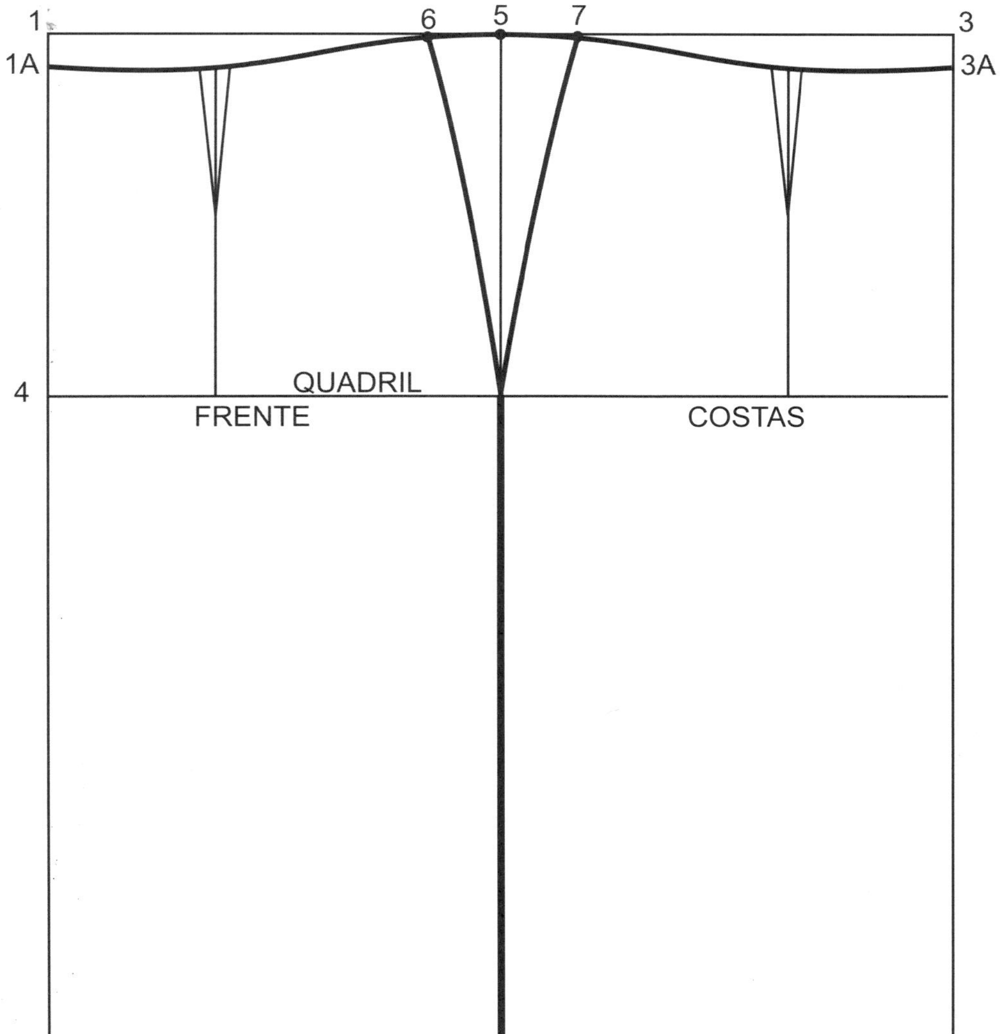
1
6
5
7
3
1A
3A
QUADRIL
4
FRENTE
COSTAS
JOELHO
2

SAIA EVASÊ

Dividir a base frente em duas partes. Usar a linha do meio da pence como divisória.

Fechar a pence frente e colar a base no papel.

Haverá uma abertura natural na parte inferior da saia. Deve-se acrescentar a metade desse valor à lateral.

Para as costas, repetir o processo de fechamento da pence mantendo o mesmo valor da abertura inferior da saia frente e respectiva lateral.

OBS.: É possível também se traçar uma evasê simples a partir da base da saia somente acrescentando na lateral. Esse procedimento na modelagem tem um efeito bidimensional.

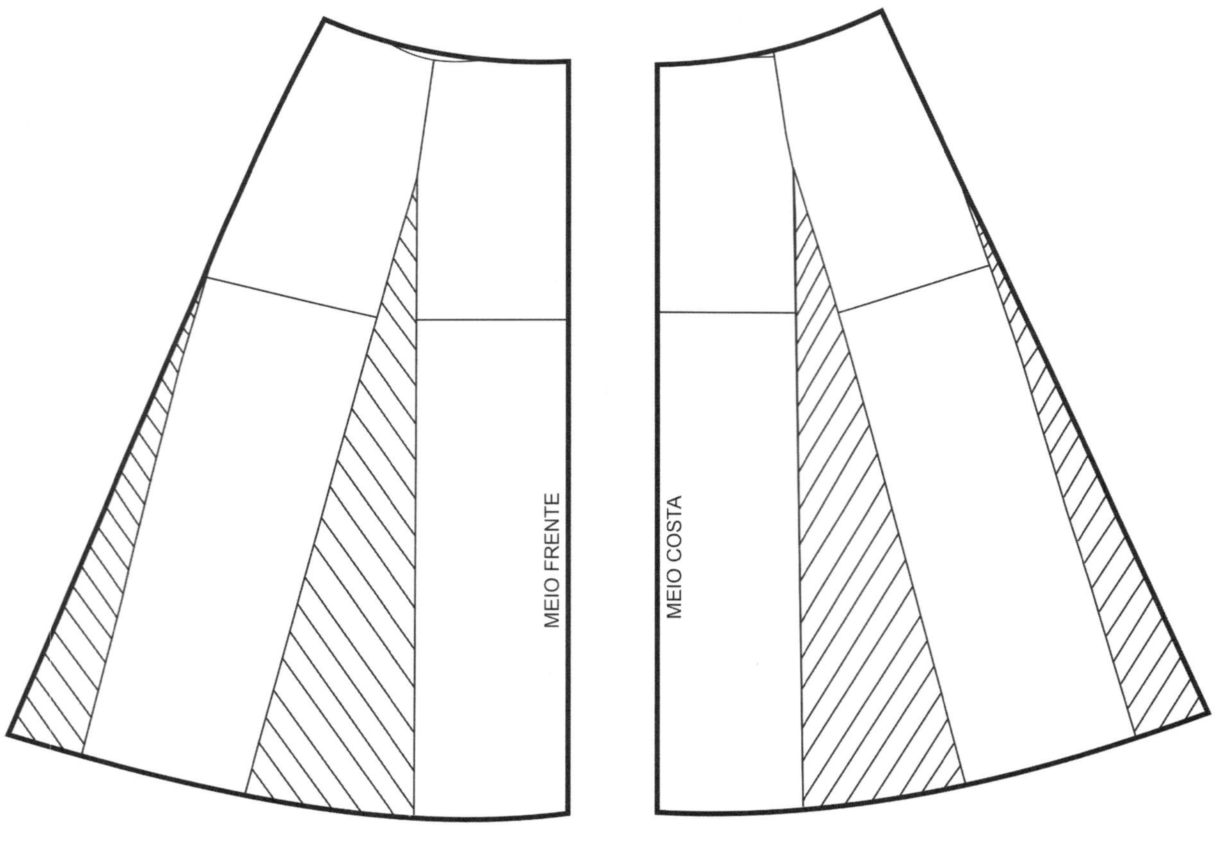

SAIA DE PALA

· Para a saia de pala, usar a base de saia evasê.

· Marcar a pala frente e pala costas.

· Dividir a parte inferior da saia em telas verticais.

· Colá-las num papel separadas com espaço para franzidos.

· O espaço entre elas dependerá da quantidade de franzido que desejar.

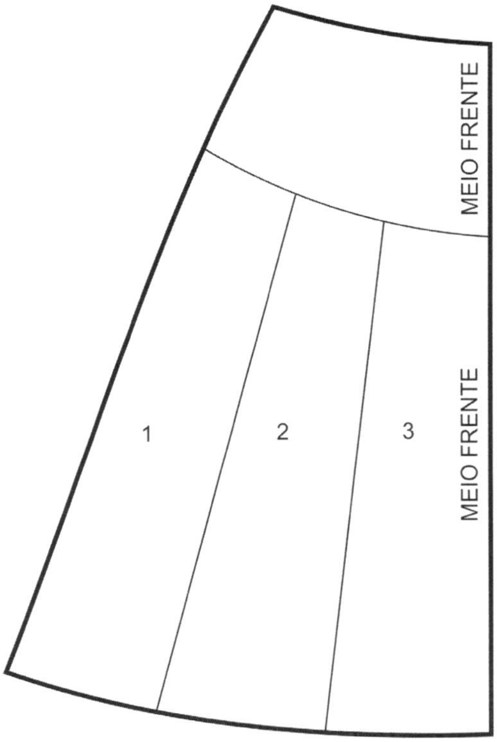

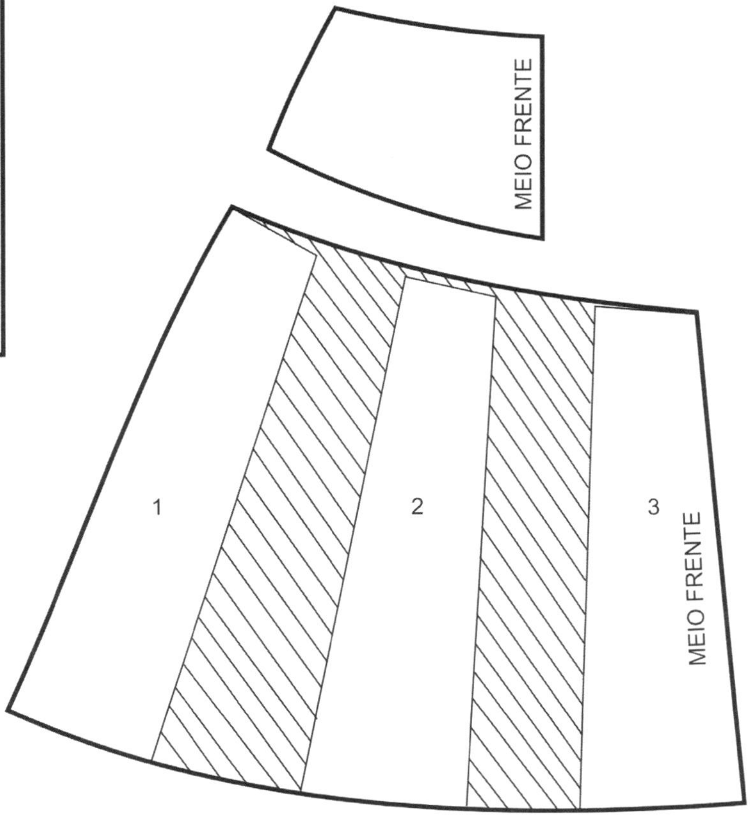

SAIA DE NESGAS

Dividir as bases frente e costas em duas partes cada.

Colar as telas com espaço entre elas.

Acrescentar a abertura para a nesga nos dois lados de cada tela.

A abertura poderá ser opcional de acordo com o efeito que se deseja provocar na roda da saia. A quantidade de nesgas também poderá ser alterada para mais ou menos nesgas.

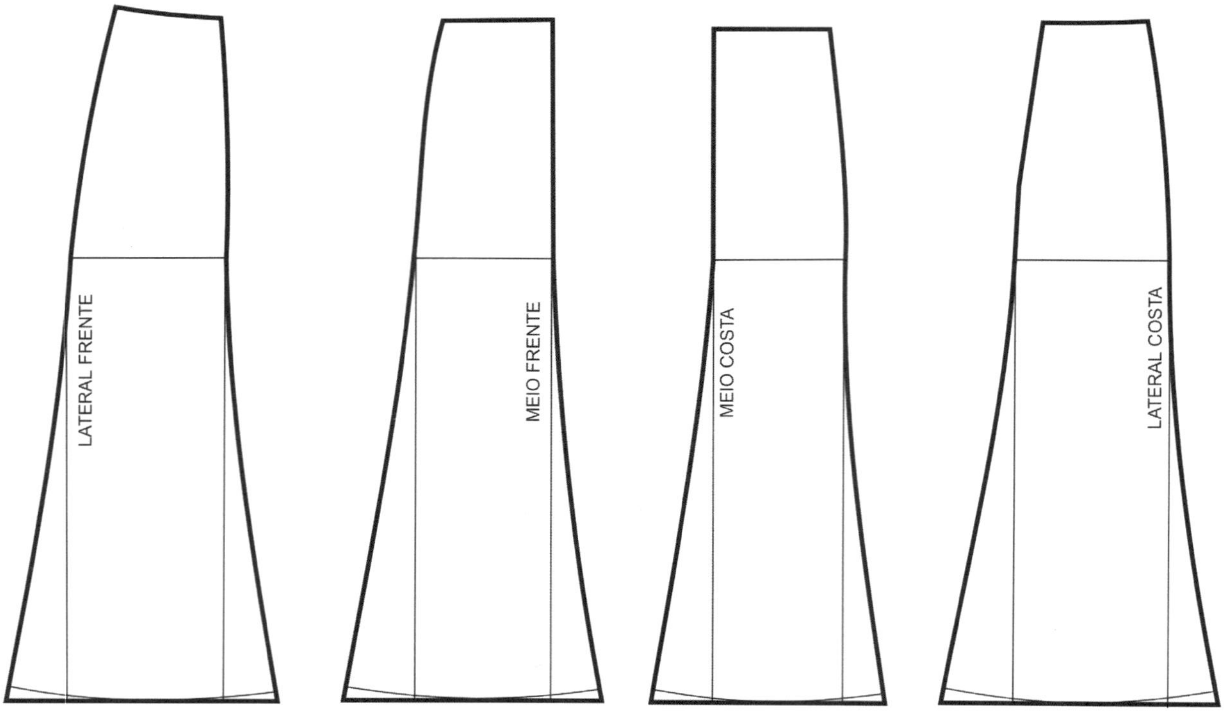

OBS.: Para a saia godê de meia roda, as cinturas frente e costas se encaixam num ângulo de 90°. Para a saia de roda inteira, a frente se encaixa em 90° repetindo a mesma medida para as costas, ficando as duas (frente e costas) encaixadas em 180°.

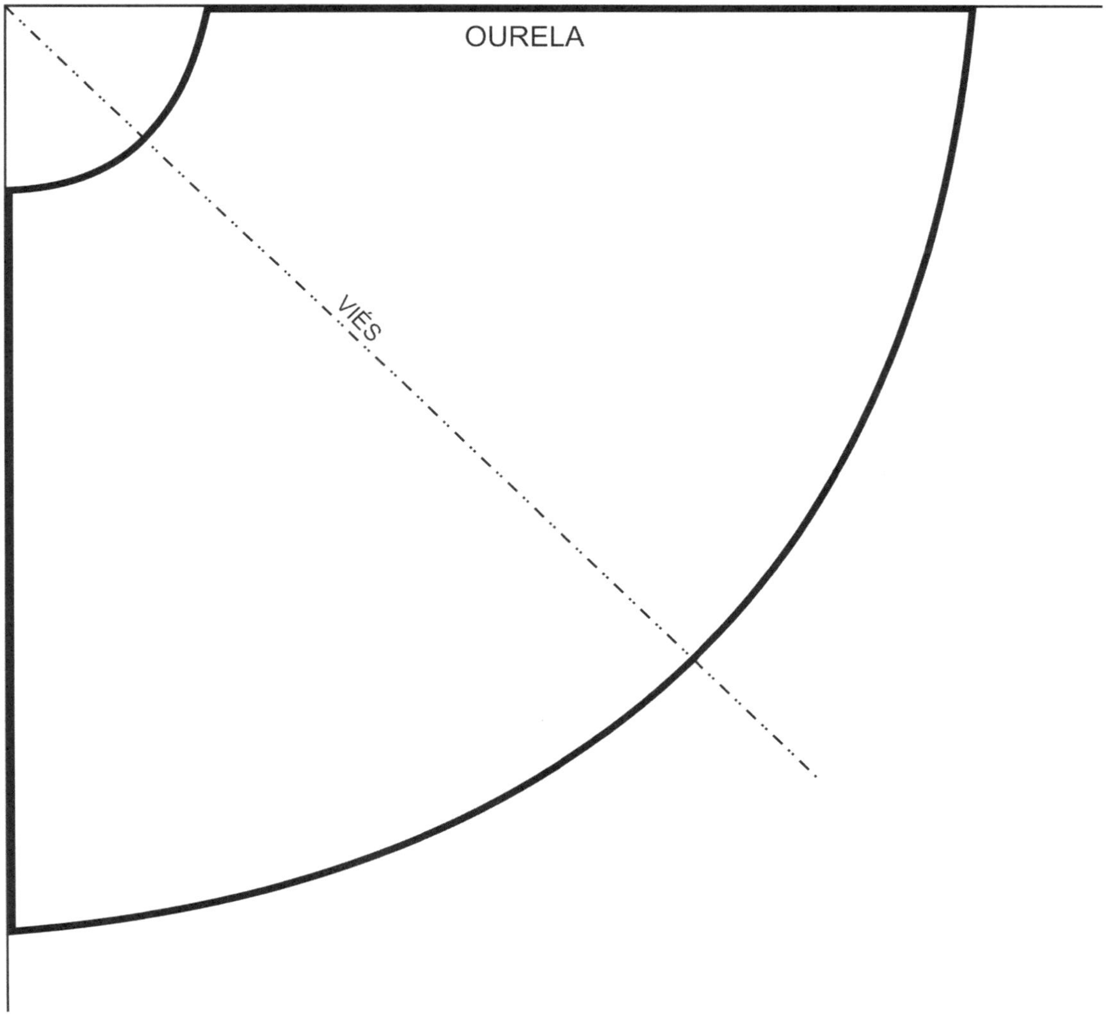

BASE DE CALÇA

BASE DE CALÇA

Quadril – 96 (48)
Cintura – 70 (35)
Alt. quadril – 20
Alt. gancho – 25
Comp. total – 105
Pence frente – 2 x 9
Pence costas – 3,6 x 13
Alt. joelho – 58

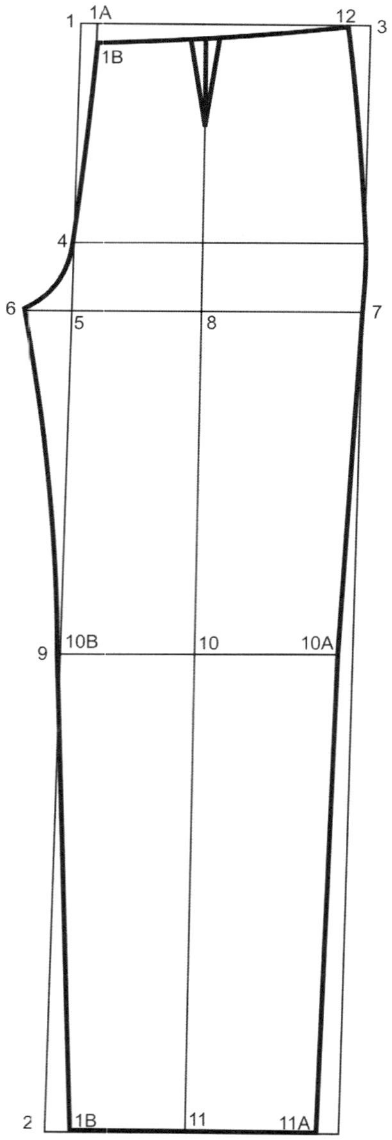

FRENTE

1. Traçar um retângulo 23 x 105
1 → 2 = 105 (comprimento total)
1 → 3 = 23 (1/4 do total do quadril – 1 cm)
1 → 4 = 20 (alt. quadril)
1 → 5 = 25 (alt. gancho)
5 → 6 = 3,8 (1/6 de 1 → 3)

2. Traçar gancho frente com a curva francesa.
8 = metade de 6 → 7 (linha do vinco ou fio)
1 → 9 = 58 (alt. do joelho)
10 → 10A } Marcar 11 cm
10 → 10B
11 → 11A } Marcar 9 cm
11 → 11B
1 → 1A = 1,5
ligar 1A → 4
1A → 1B = 1,5
1B → 12 = 19,5 (1/4 do total da cintura + 2 cm pence frente)

3. Pence frente:
Poderá ser usada a linha de vinco como localização para pence.
Marcar 1 cm para cada lado e 9 cm de comprimento.

OBS.: É importante contornar com caneta hidrocor fina a base pronta da frente pois as costas serão traçadas sobre ela.

COSTAS

1. As costas são traçadas sobre o molde da frente.
1B → 13 = 2
4 → 4A = 1
Ligar 4A → 13 Prolongar a linha para cima e marcar
13 → 14 = 4
6 → 6A = 5,7 (uma vez e meia a medida do gancho frente)
6A → 6B = descer 1 cm, traçar o gancho costa ligando:
6B → 4A

2. Marcar 1 cm para fora do joelho (frente) para cada lado. Para traçar a lateral interna da perna ligar o ponto 6B a esse novo ponto do joelho e descer uma paralela até o comprimento total.
14 → 15 = 21,1 (1/4 do total da cintura + 3,6 pence costas).
O ponto 15 deve ficar na mesma altura do ponto 12.

3. Pence costa S.:
Metade de 14 → 15
Marcar 1,8 cm para cada lado e o comprimento de 13 cm. Paralela à linha do vinco ou fio.
7 → 7A = 2,5
4B → 4C = 3
Ligar 15 → 4C e descer até a bainha com 1 cm para fora a partir do joelho até o comprimento total.

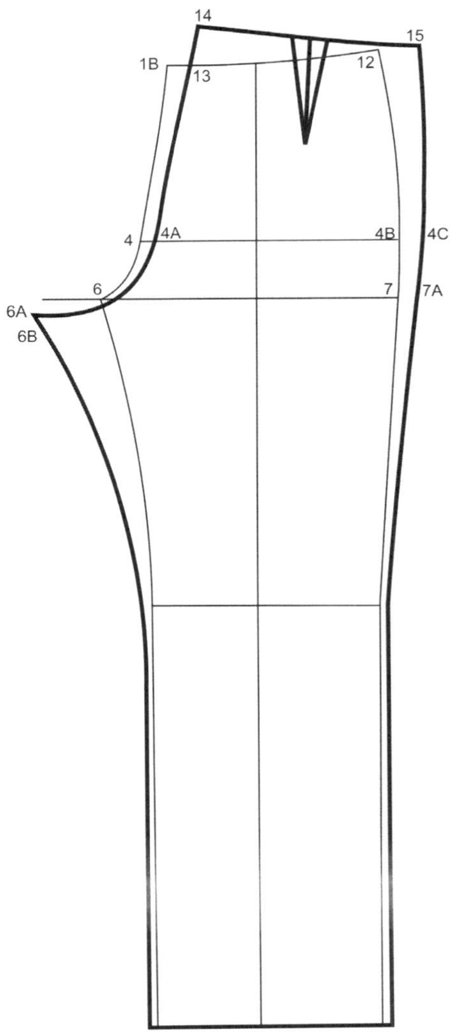

CALÇA DE PREGAS

A calça de pregas é traçada a partir do molde base da calça frente. Primeiro definimos a quantidade de pregas e a profundidade das mesmas que desejamos. Devemos considerar que a base frente já contém 2 cm de pence que poderão ser aproveitadas para as pregas. O restante poderá ser inserido a partir do corte do molde da linha do vinco até o joelho (fig. 1) e fazendo o seu afastamento para que sejam incluídos os valores que faltam para o total de pregas desejadas (fig. 2). Podemos também acrescentar à lateral da cintura 1 cm para que a lateral da calça fique mais suave e menos curva.

Para a marcação das pregas utilizamos dois piques para cada uma.

O primeiro pique deverá estar por volta de 8 cm do meio da frente da calça. O segundo pique dista do primeiro tantos centímetros quanto for a profundidade de cada prega.

Definimos a distância entre as pregas e reiniciamos a marcação (piques) da segunda prega e assim por diante.

BOLSO DA CALÇA

Para traçarmos o bolso da calça é necessário fechar as pregas na cintura deixando-as terminar como se fossem pences, para que possamos riscar e copiar os forros (fig. 3). Eles deverão ser traçados sobre o molde com costura e conter o mesmo fio da calça frente. O bolso é composto de dois forros e uma vista que é pregada sobre o forro para que este não fique visível na abertura do bolso.
Separamos os forros copiando-os para um outro papel com carretilha ou carbono.

OBS.: São utilizados forros para o bolso quando a calça é de tecido pesado.

BRAGUILHA

A braguilha poderá ser traçada à parte ou sobre a frente da calça e deverá ter o comprimento do zíper com 3 cm a mais. A sua largura é em torno de 5 cm com costura (fig. 5).

PERTINGAL

O pertingal terá o mesmo comprimento da braguilha e a sua largura na parte de cima pode ser a mesma da braguilha, estreitando para baixo (fig.4). Ele deve ser dobrado e a medida deverá ser a mesma para os dois lados.

CÓS

Traçar um retângulo com a medida da cintura mais 12 cm para acabamentos e a largura de 8 cm para cós dobrado e costura já incluídas. A entretela para o cós não deverá conter costura.

OBS.: Para calças de cintura baixa o cós terá de ser anatômico, acompanhando o movimento da cintura. Não há como fazê-lo dobrado.

FIG. 1

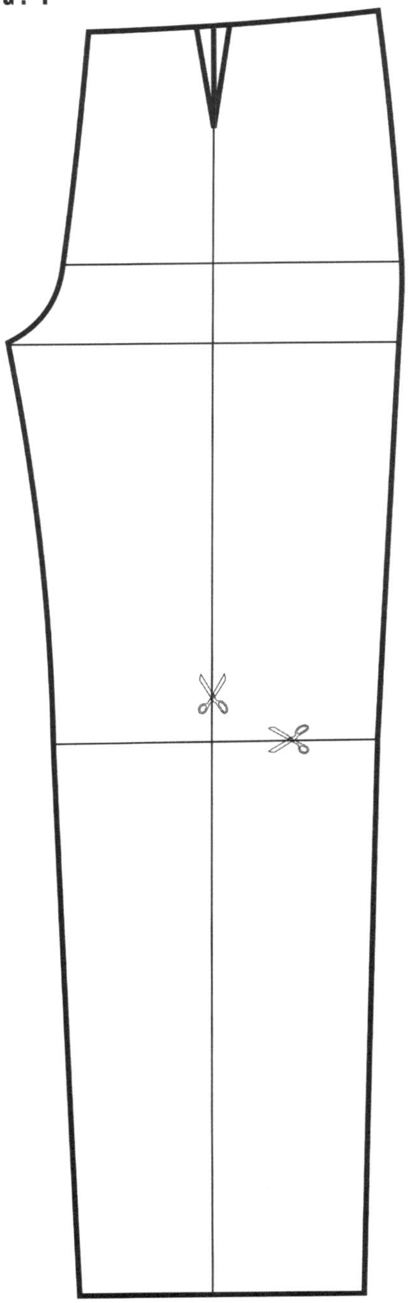

FIG. 2

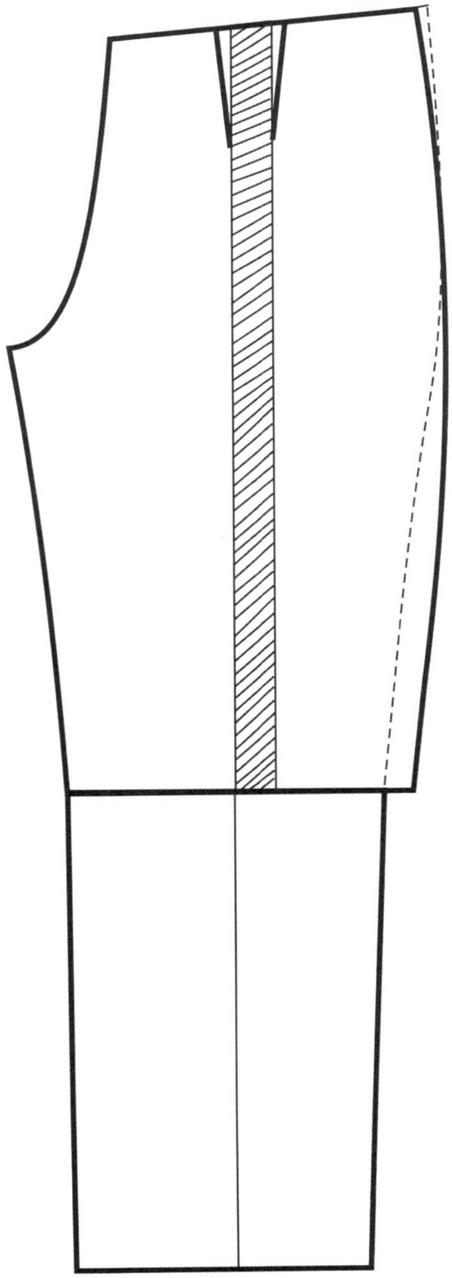

FIG. 3

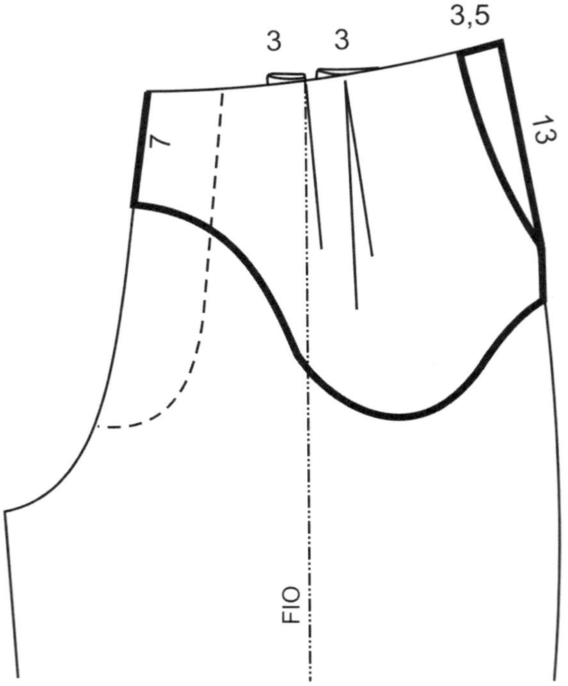

FIG. 4

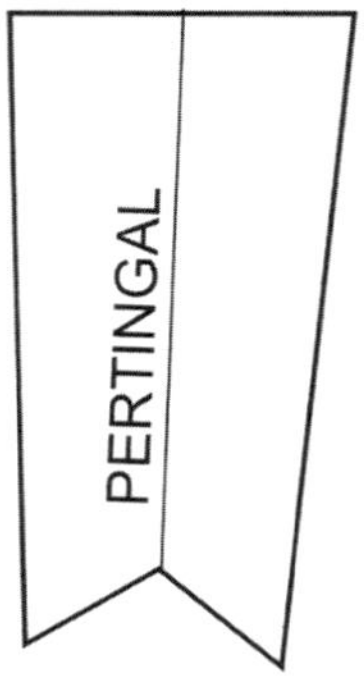

FIG. 5

BASE DE BLUSA

BASE DE BLUSA

Busto – 88 (44)
Ombro – 13
Pescoço – 35
Cintura/decote – 38

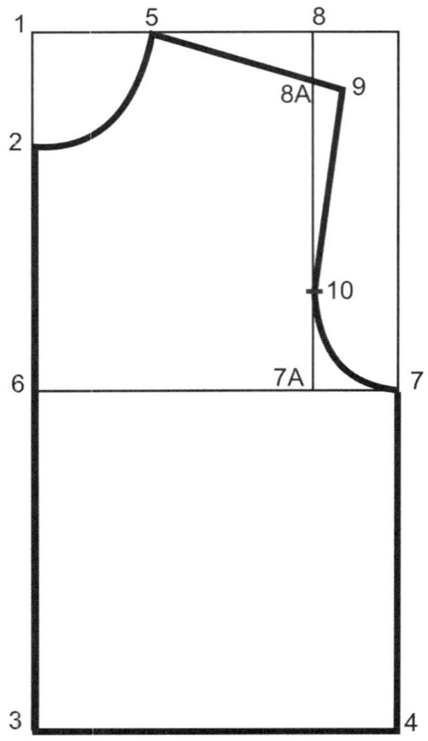

FRENTE

1. Traçar um retângulo 22 x 44,8
1 → 2 = 6,8 decote (1/6 da circunferência da base do pescoço +1 cm)
2 → 3 = 38 (meio frente: cintura até o pescoço)
3 → 4 = 22 (1/4 do total do busto)
1 → 5 = 6,8 decote. Traçar com a curva francesa o decote.
6 = linha da axila (1/2 da medida 1 → 3)
7 → 7A = 5 (esse ponto poderá ser achado a partir da ½ da medida cava a cava
= 6 → 7A)

2. Traçar uma perpendicular para cima = ponto 8
8 → 8A = descer 3 cm para traçar a inclinação do ombro.
(Para pessoas com ombro mais inclinado descer 4 cm).
5 → 9 = 13 cm para o ombro a partir do ponto 5 passando pelo ponto 8A.
10 = 1/3 da altura 7A → 8A.
7A → 10 = usar a curva francesa para fazer a cava com a parte redonda, ligar 7 → 10 e depois usar o ponto mais reto da curva para finalizar a cava.

COSTAS

As costas serão traçadas sobre o molde da frente. Os moldes devem ser separados posteriormente.

1. A partir da cava da frente traçar costa S.:

5 → 5A = 2 (esquadre na linha do ombro)

9 → 9A = 1 (esquadre na linha do ombro)

Ligar 5A → 1 com a curva francesa.

Traçar a cava costas passando aproximadamente 1 cm do ponto 10 para fora.

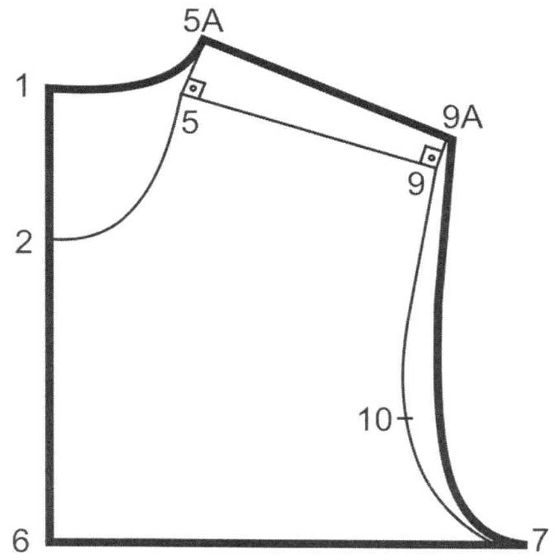

FRENTE

Copiar a base da blusa frente.
Pence inferior:
6 → 3 = 10 (1/3 da semicircunferência do busto + 1,0 cm)
Descer uma perpendicular até a linha da cintura = ponto 2
3 → 4 = 4
2 → 2A 1
2 → 2B = 2 Traçar pence inferior.
4 → 8 = 2 Ajuste lateral da cintura.

Pence superior:
Dividir o ombro ao meio = ponto 5.
Ligar 5 ao ponto 4.
5 → 6 = 4,5
Fechar a pence superior e retraçar o ombro marcando 13 cm novamente = ponto 7.
Retraçar a cava frente.

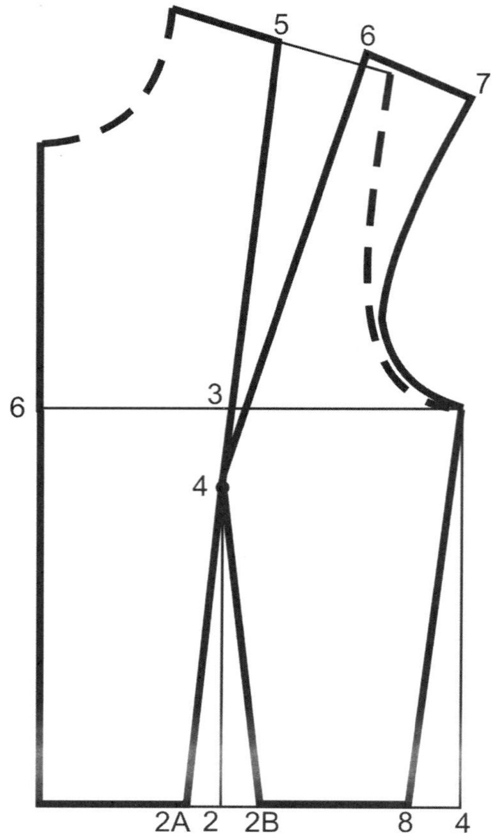

COSTAS

Copiar a base costas.
Para traçar a pence inferior costas
6 → 3 = 10 (1/3 da semicircunferência do busto + 1 cm)
3 → 2 = perpendicular para baixo.
3 → 4 = 2
2 → 2A = 1
2 → 2B = 1
4 → 8 = 2

Ombro costa S.:
Descer 1 cm no ombro e traçar uma paralela à linha anterior.
Esquadrar e marcar os pontos = 5B e 9B. Traçar nova cava.
1 → 1A = descer 1 cm (marcar novo decote costas).

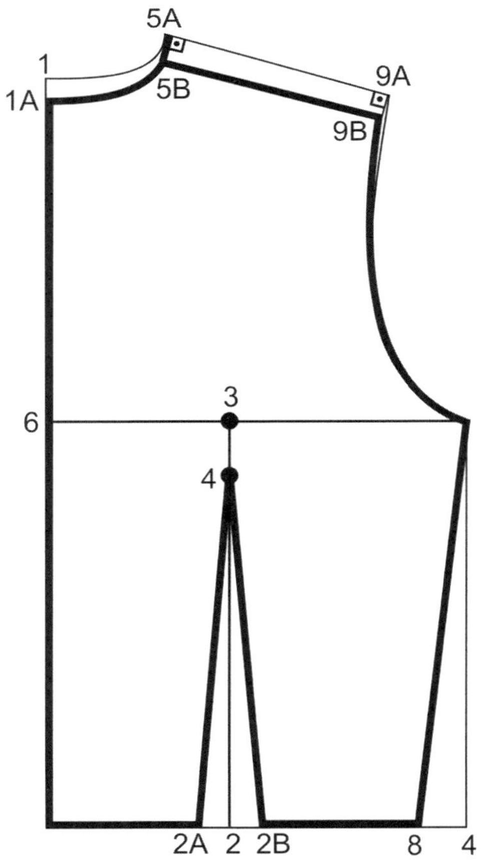

TRANSFERÊNCIA DE PENCES

A base de blusa com pences é composta de uma pence superior e uma inferior.

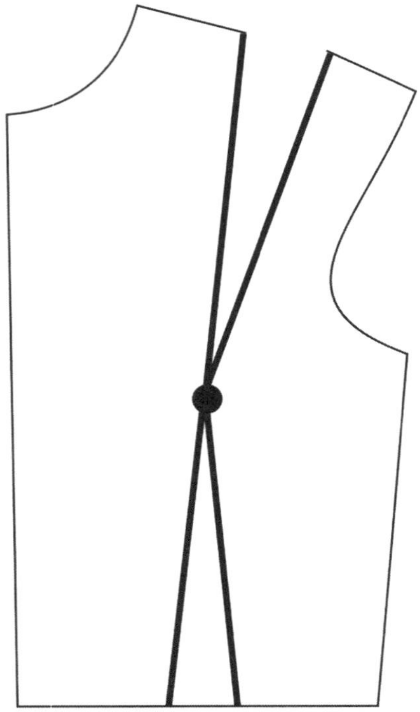

Em outros métodos elas poderão ser representadas em posições diferentes ou em uma só pence grande.
O importante é que tenhamos pences que acomodem o volume do busto.
Podemos transferir essas pences para diversas posições, mas para que isso possa ocorrer, a pence a ser aberta tem que ser em direção à pence a ser fechada.

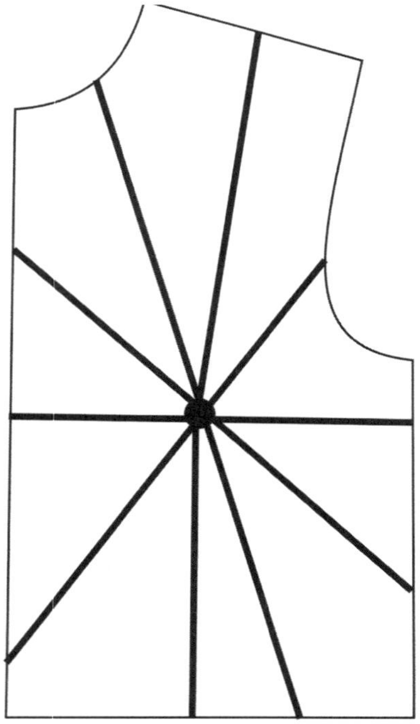

TRANSFERÊNCIA DE PENCE 1

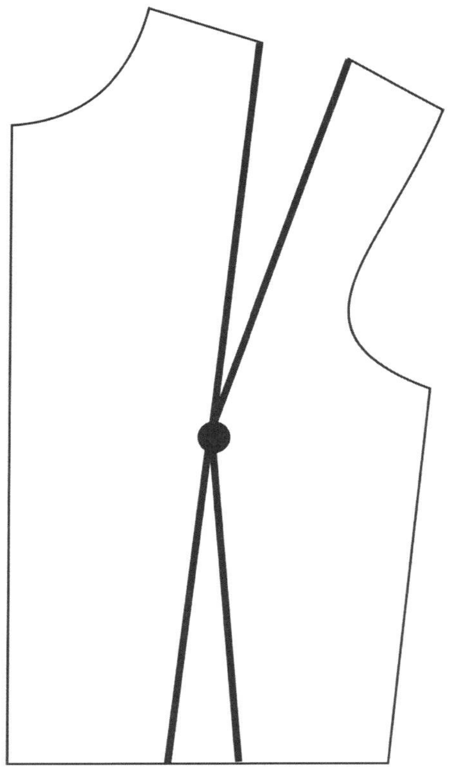

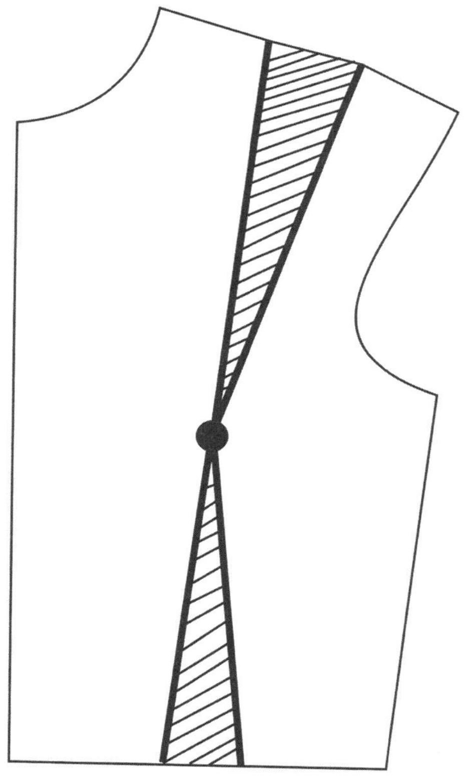

TRANSFERÊNCIA DE PENCE 2

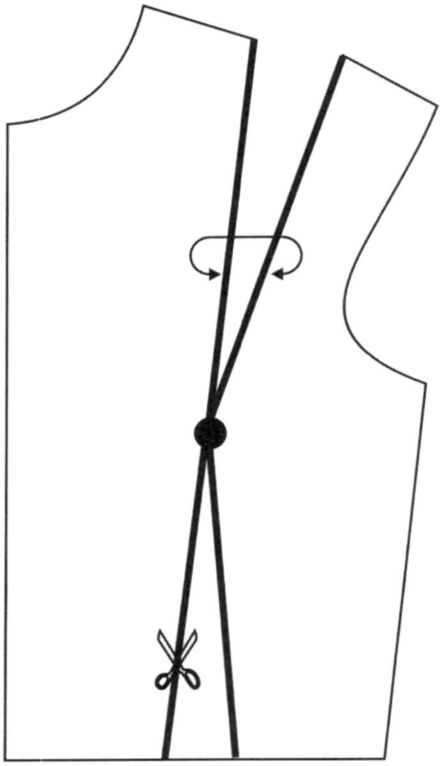

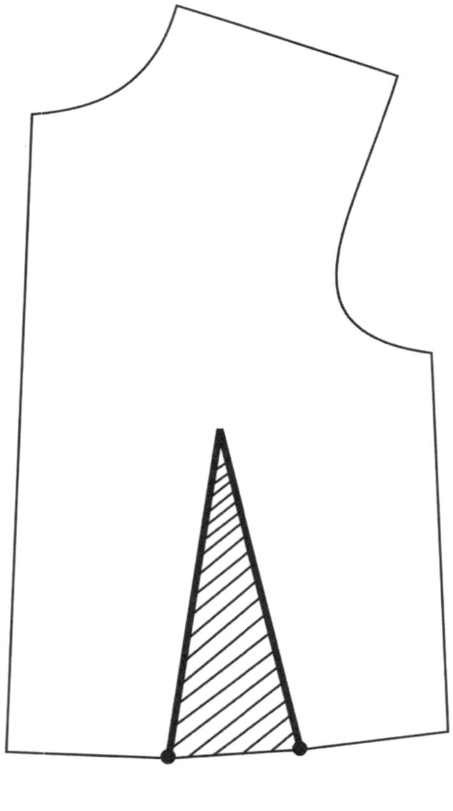

TRANSFERÊNCIA DE PENCE 3

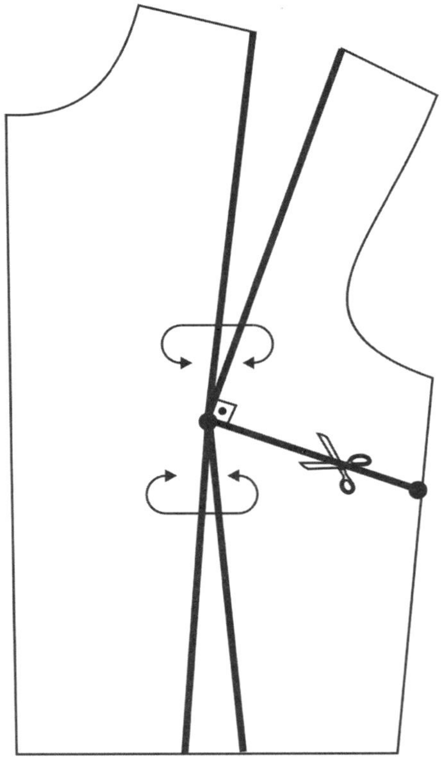

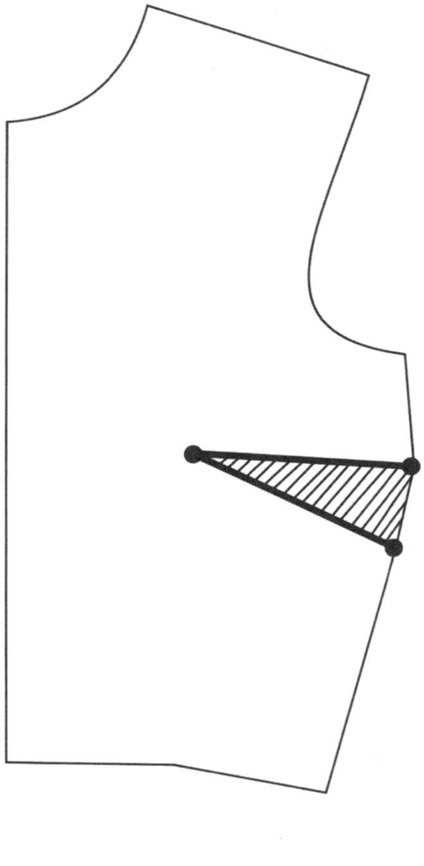

TRANSFERÊNCIA DE PENCE 4

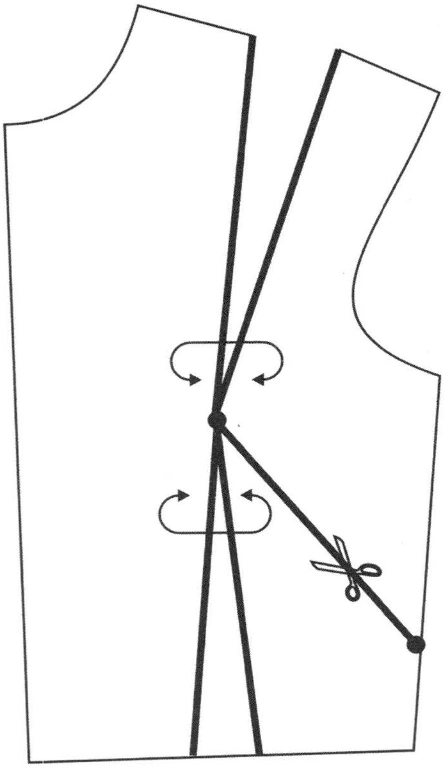

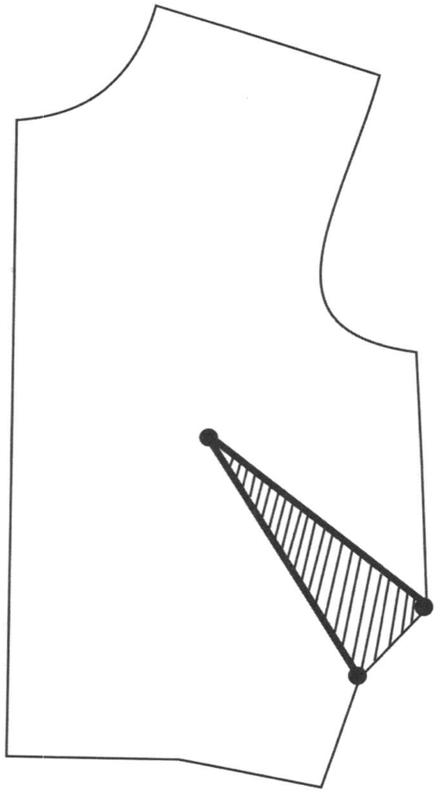

TRANSFERÊNCIA DE PENCE 5

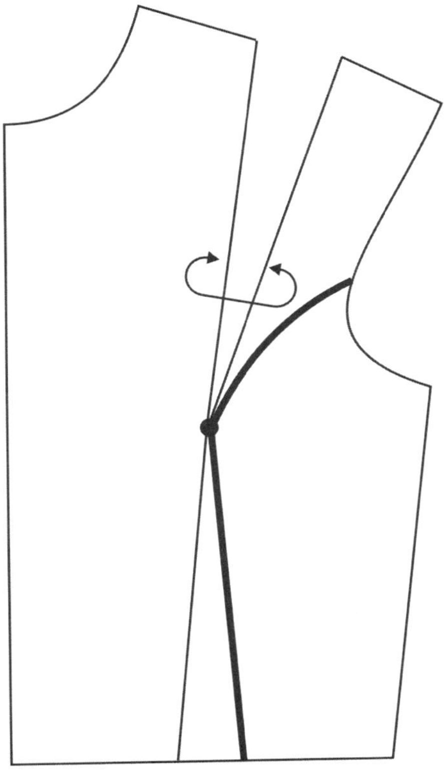

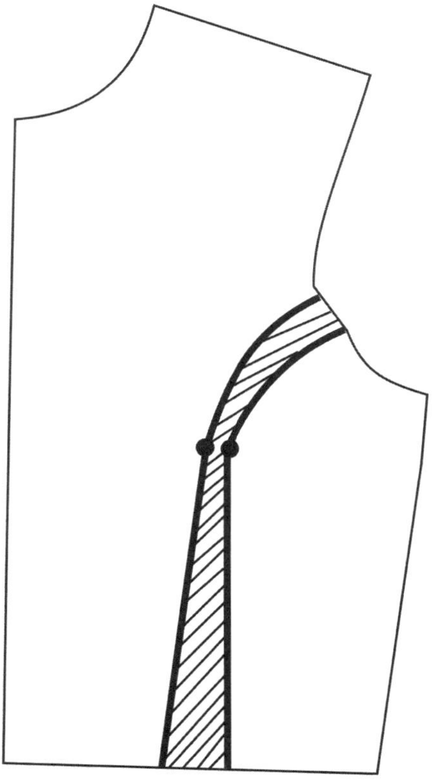

TRANSFERÊNCIA DE PENCE 6

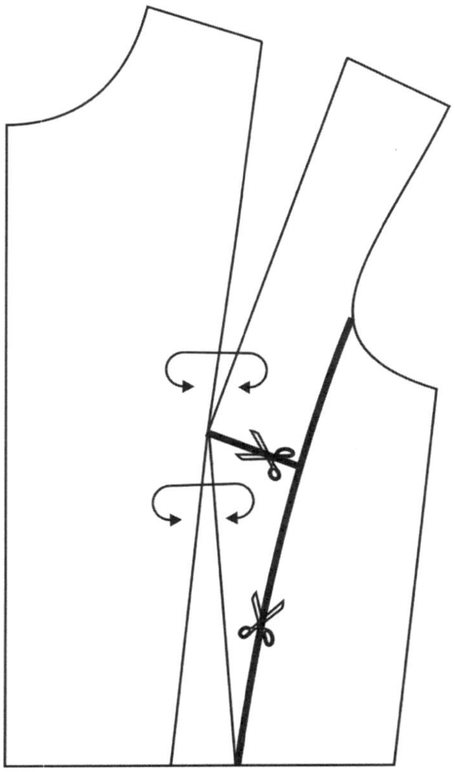

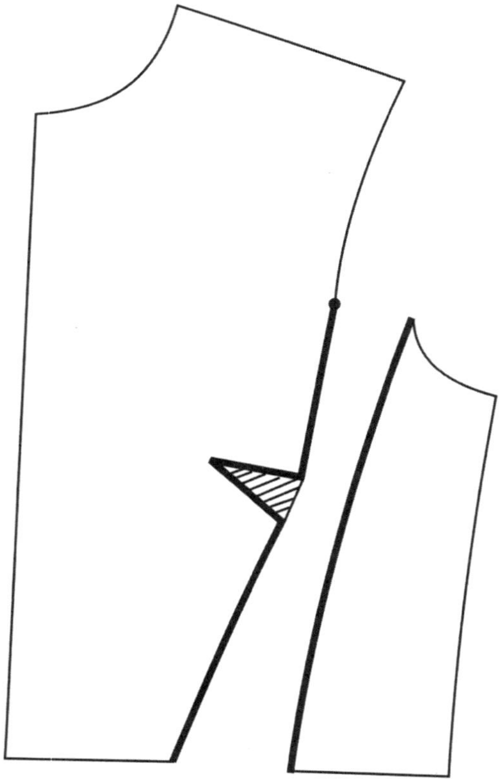

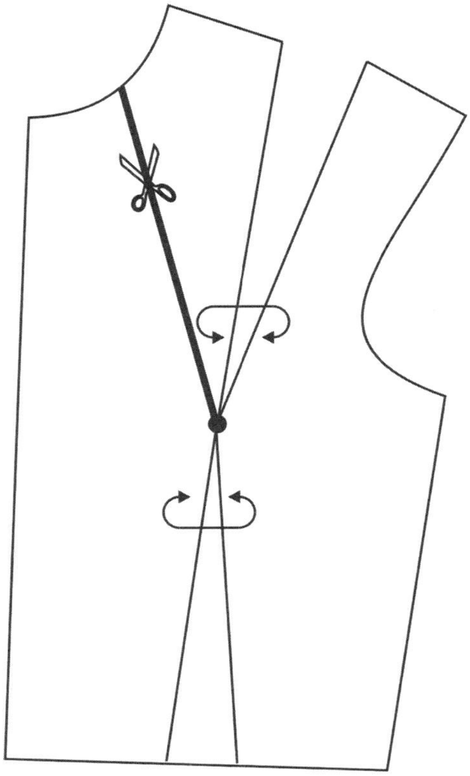

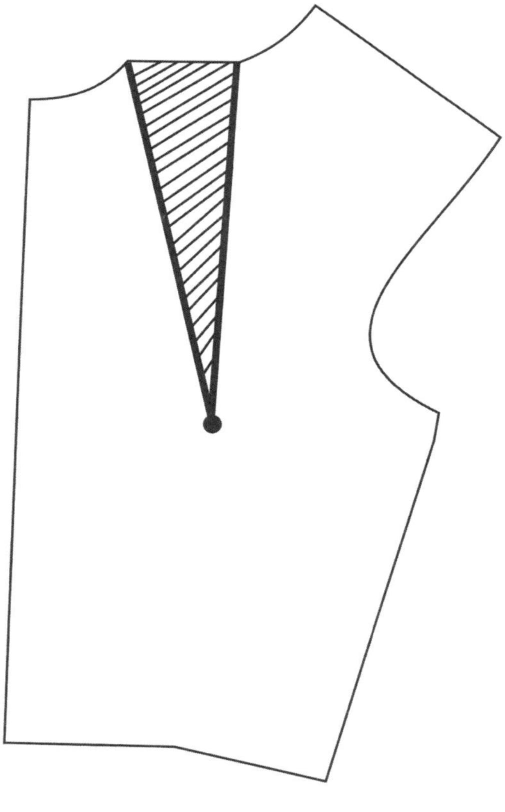

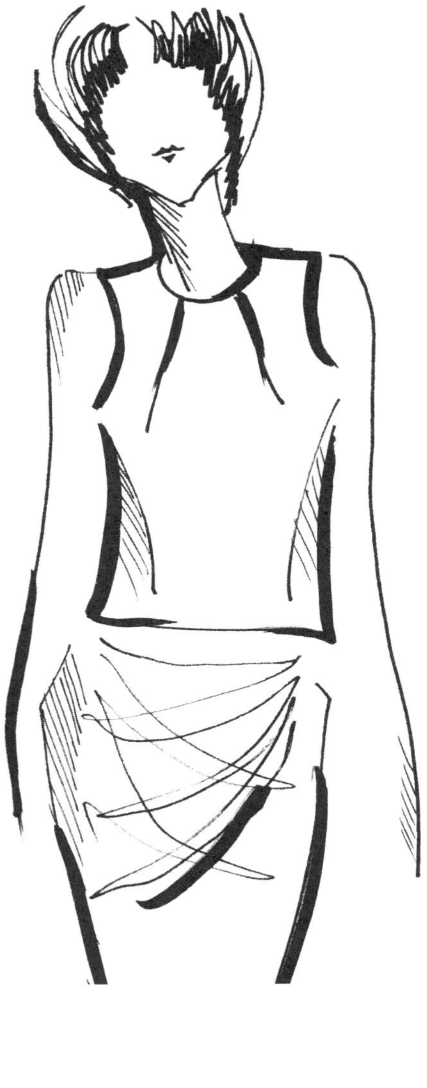

TRANSFERÊNCIA DE PENCE 8

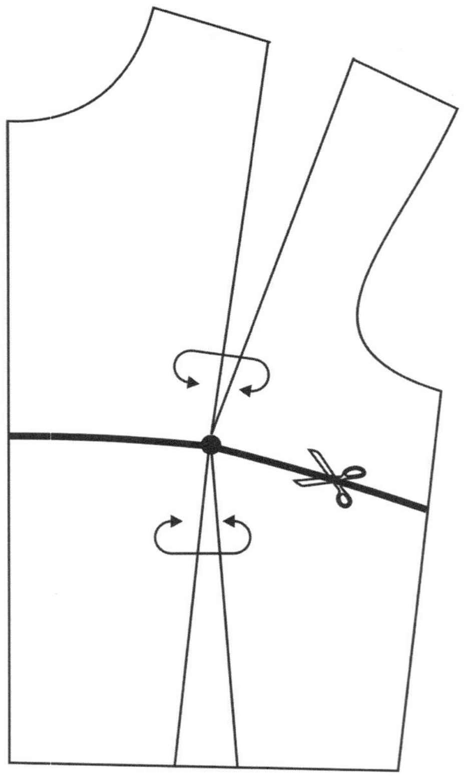

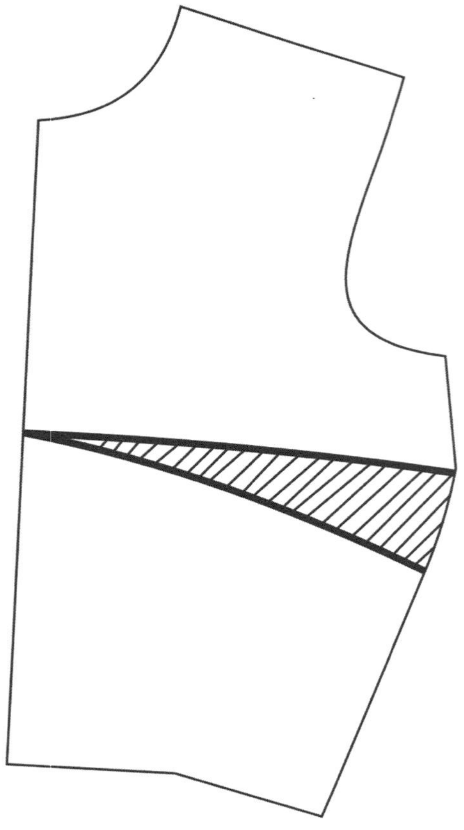

BASE DE MANGA

BASE DE MANGA

1 → 2 = 35 Altura do cotovelo
1 → 3 = 14,5 (1/3 da cava frente/costas+ 0,5)
3 → 4 = 17 (1/3 do busto + 2,0)
3 → 5 = 17
Ligar 1 α 4 e dividir em 4 partes. No primeiro ponto a partir da cabeça da manga, esquadrar e marcar 1,5 cm. No primeiro ponto a partir da axila, esquadrar e marcar 1 cm para dentro. Ligar os pontos para formar a frente com a curva francesa.
Ligar 1 α 5 e dividir em 4 partes, com o mesmo procedimento anterior, só alterando os valores dos respectivos pontos para 1 cm. Usar a curva francesa para formar a cava costas.
Dividir 3 a 4 e 3 α 5 ao meio e traçar perpendiculares.

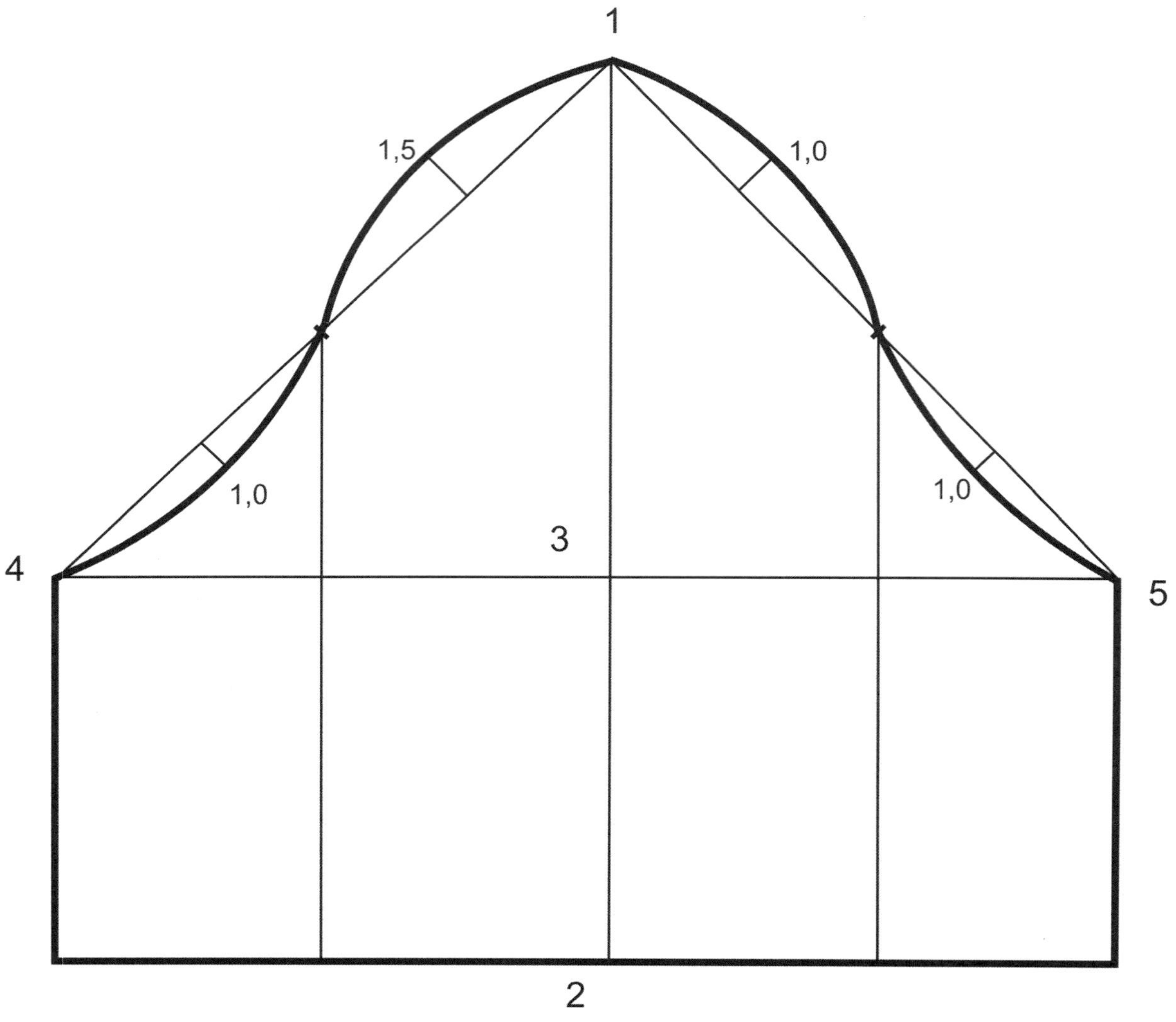

MANGA 1

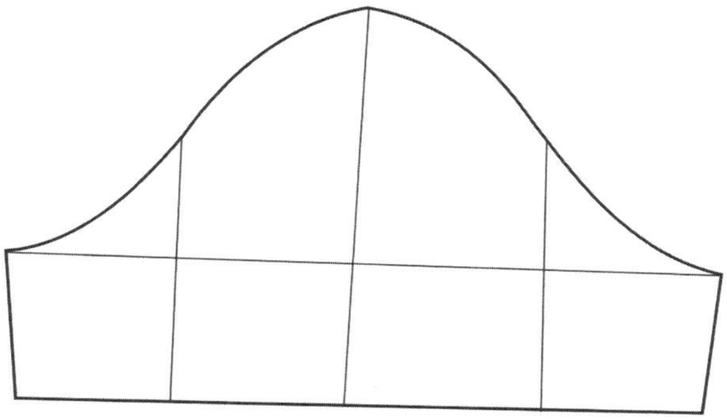

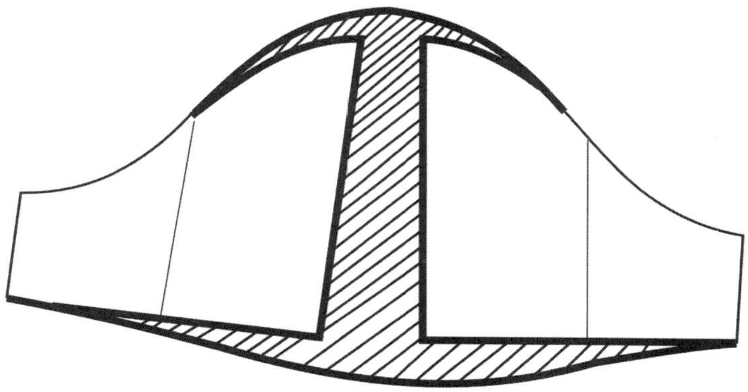

MANGA 2

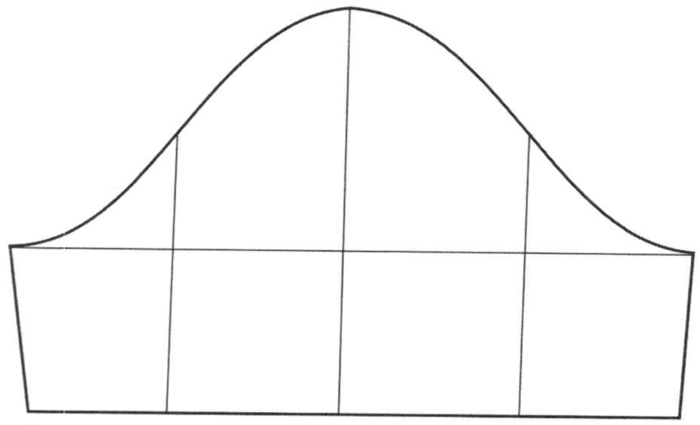

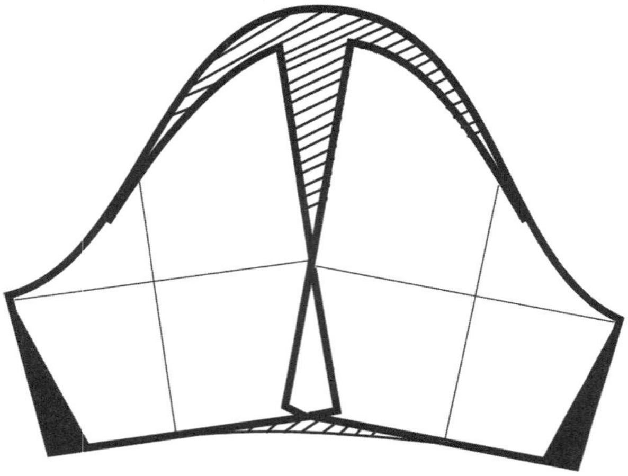

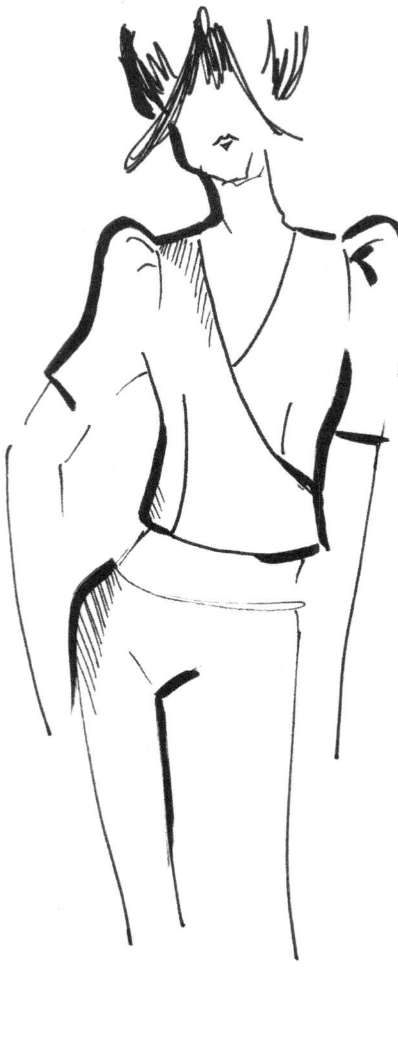

Traçar o decote e a cava retirando de 1 a 1,5 cm na parte superior da cava.

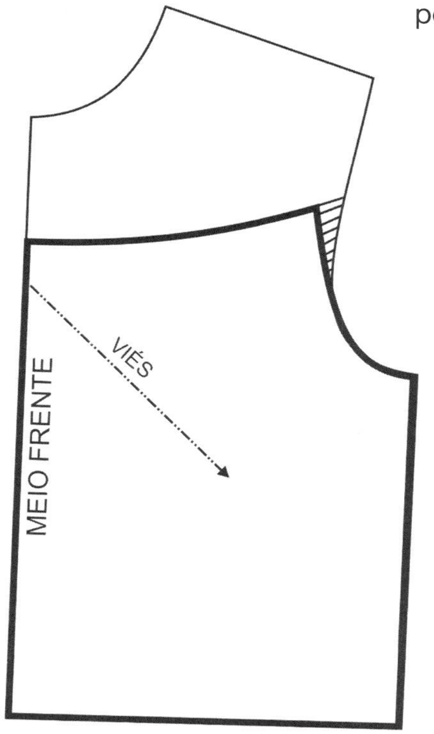

Traçar o decote costas com aproximadamente 2 cm mais que a frente. A cava deverá ser alterada como a frente.

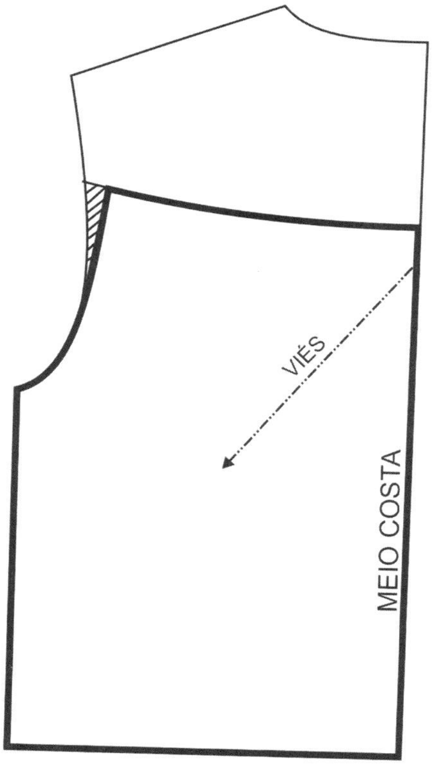

Medir a cava nova frente e marcar a mesma medida na cava frente. Acrescente o mesmo valor do que foi retirado na frente da manga.
Nas costas, o mesmo procedimento medindo a cava costas nova e ligar o ponto da frente ao ponto da cava nova costas em cima.

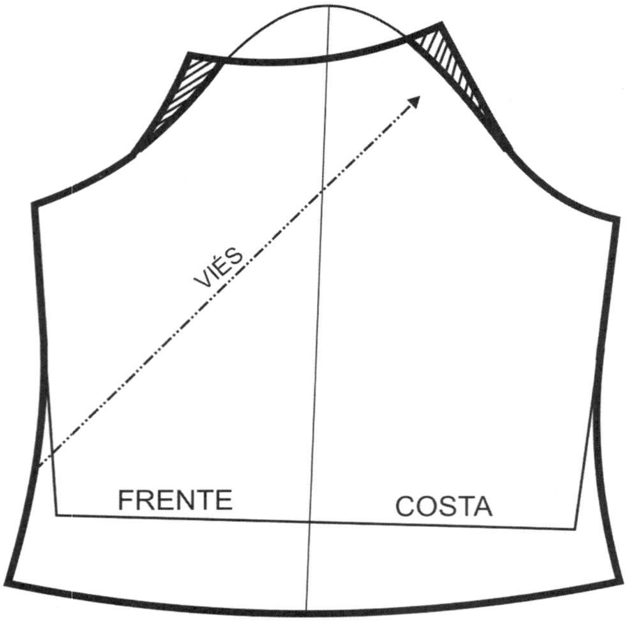

Marcar o comprimento desejado na manga e usar a régua de alfaiate para traçar as laterais, fazendo o movimento de abertura para a manga.

GOLAS

GOLAS

Para entendermos melhor o mecanismo de construção das golas, precisamos observar seu movimento em torno do pescoço e sobre os ombros.

O que diferencia as golas geralmente tem a ver com a curvatura da parte traseira. Quanto mais reta, mais contornará o pescoço. Quanto mais curva estará sobre os ombros.

Para as golas que contornam o pescoço como as de blazer, camisa, vestido etc. (fig. 3) sua largura na parte traseira é de 7 cm, pois ao dobrar ficamos com uma base de 3 cm e uma parte externa de 4 cm. Essa linha divisória natural da gola é chamada de eixo.

O traçado das golas poderá acontecer por transposição da frente e costas da blusa. Geralmente para as golas que deitam sobre o ombro (fig. 1), ou meio ombro e meio pescoço (fig. 2).

FIG.1

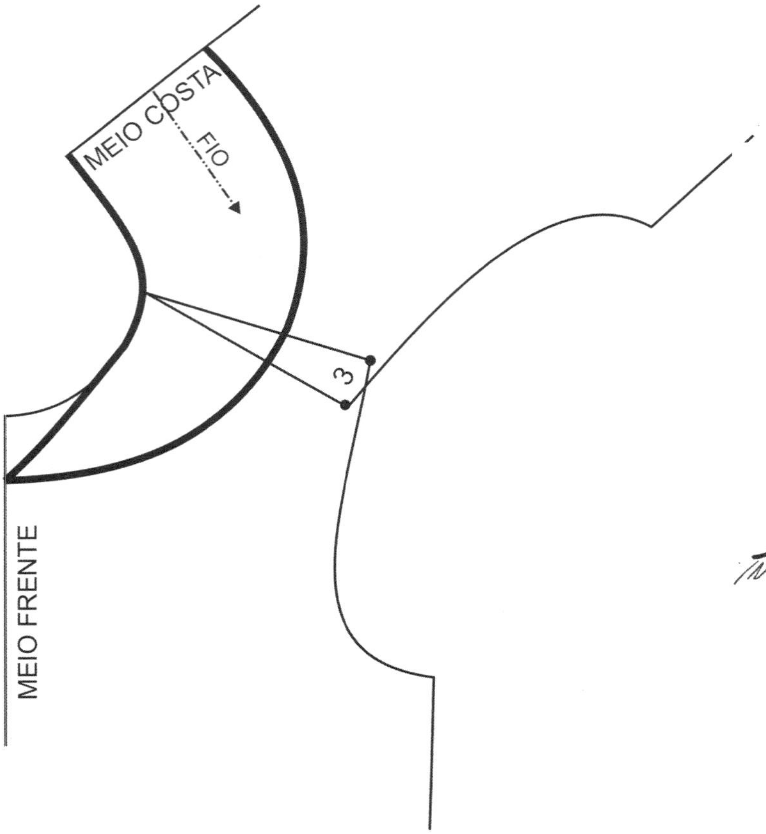

FIG. 2

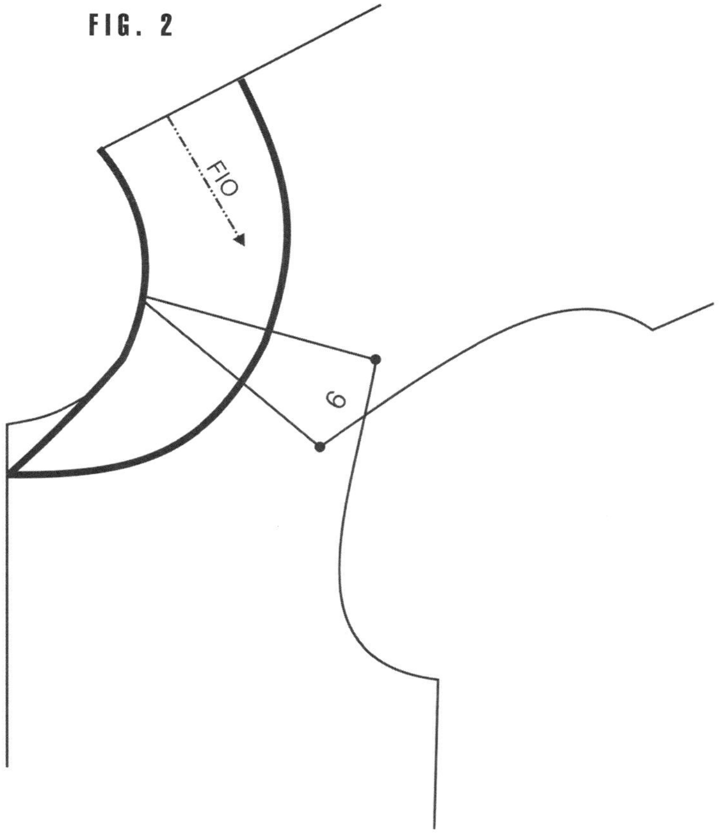

FIG. 3

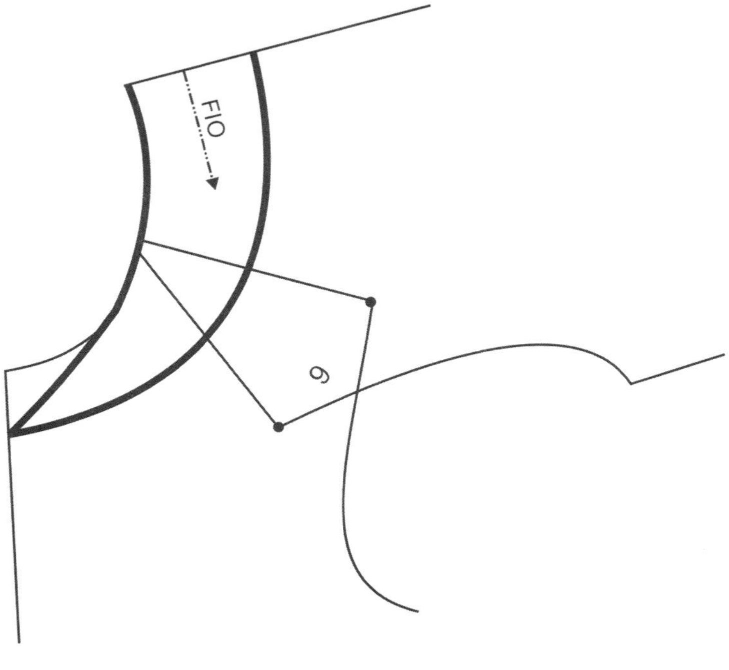

Para as golas de contorno de pescoço, podemos traçar sobre a frente da blusa.

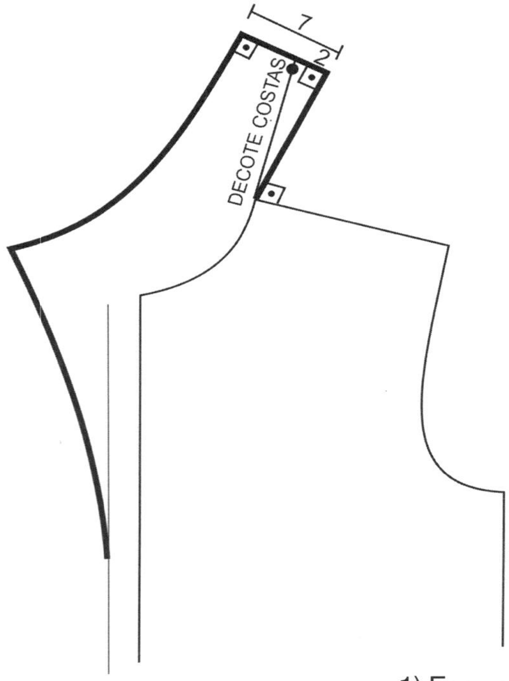

1) Esquadrar na ponta do ombro e subir uma linha com a medida do decote costas.
2) Abrir 2 cm para direita.
3) Esquadrar no ponto 2 e marcar 7 cm para esquerda.
4) Esquadrar no ponto 4 e descer paralela até a parte do ombro.

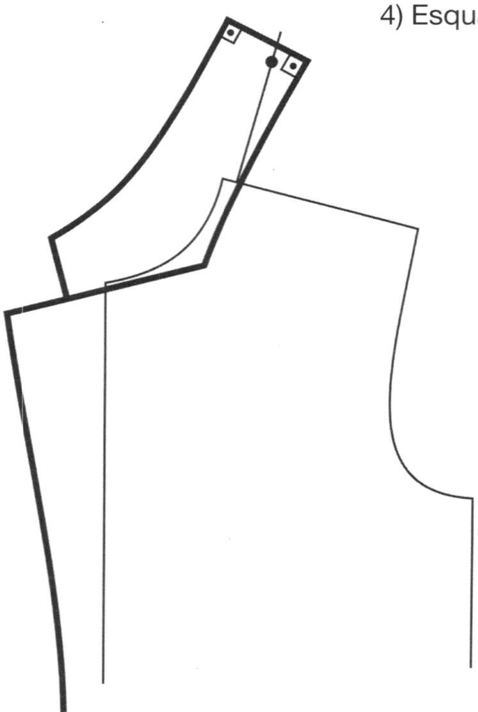

LIMPEZA

Trata-se de um componente de suma importância na construção de moldes. Elas podem ser partidas ou contínuas.

As limpezas partidas são traçadas sobre um molde frente já incluindo costuras e fio que deverão ser passados para a mesma (fig. 1 e fig. 2). Com o uso da carretilha ou carbono, são transferidas para outro papel.

As limpezas para peças com golas devem ser traçadas marcando em torno de 5 cm na parte do ombro para proporcionar acabamento e estabilidade na gola.

Para as costas, a limpeza pode ser como a da frente, traçando sobre o molde uma paralela ao decote com a mesma largura deixada no ombro da frente. Outra opção para as costas é o acabamento com viés.

FIG. 1

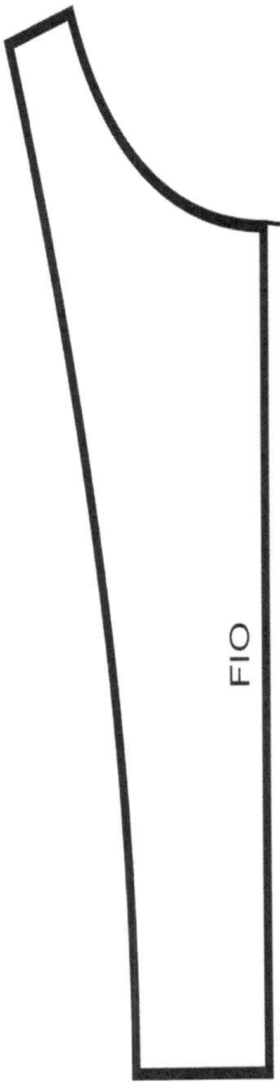

FIG. 2

As limpezas contínuas só são possíveis quando a linha do meio da frente for reta, prolongando a limpeza a partir do molde frente. Para isso, basta dobrar o papel depois do transpasse e copiar o movimento do decote (fig. 3).

FIG. 3

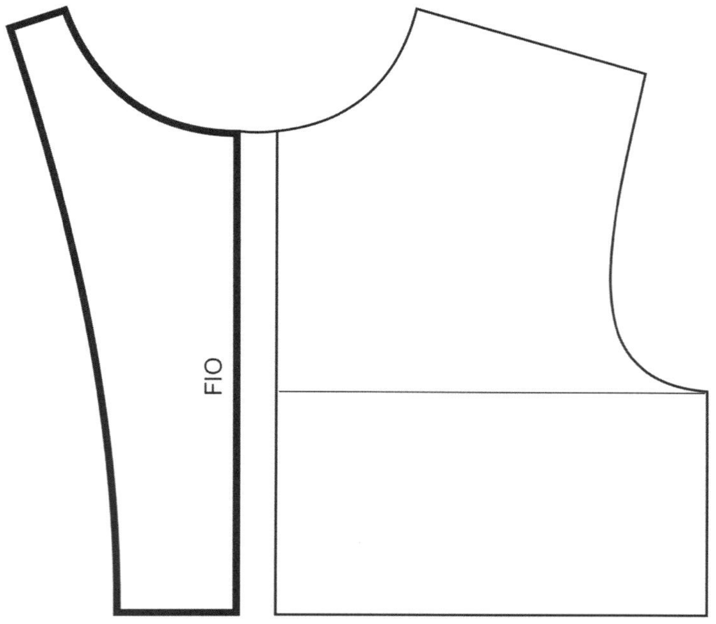

VESTIDOS

VESTIDO 1

FIG. 1

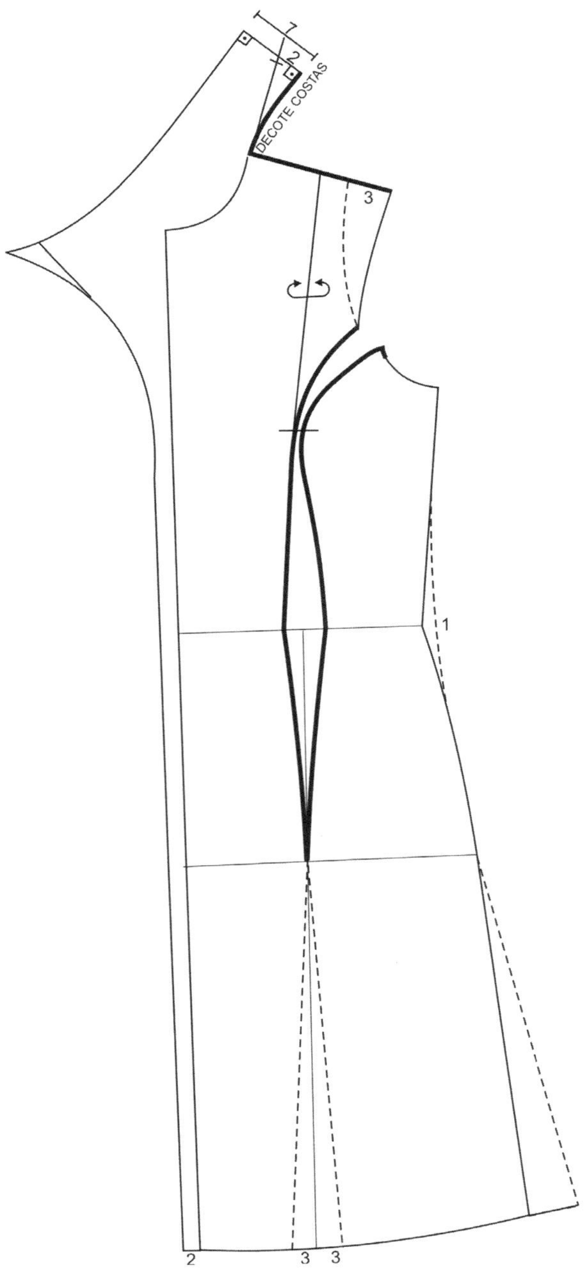

FIG. 2

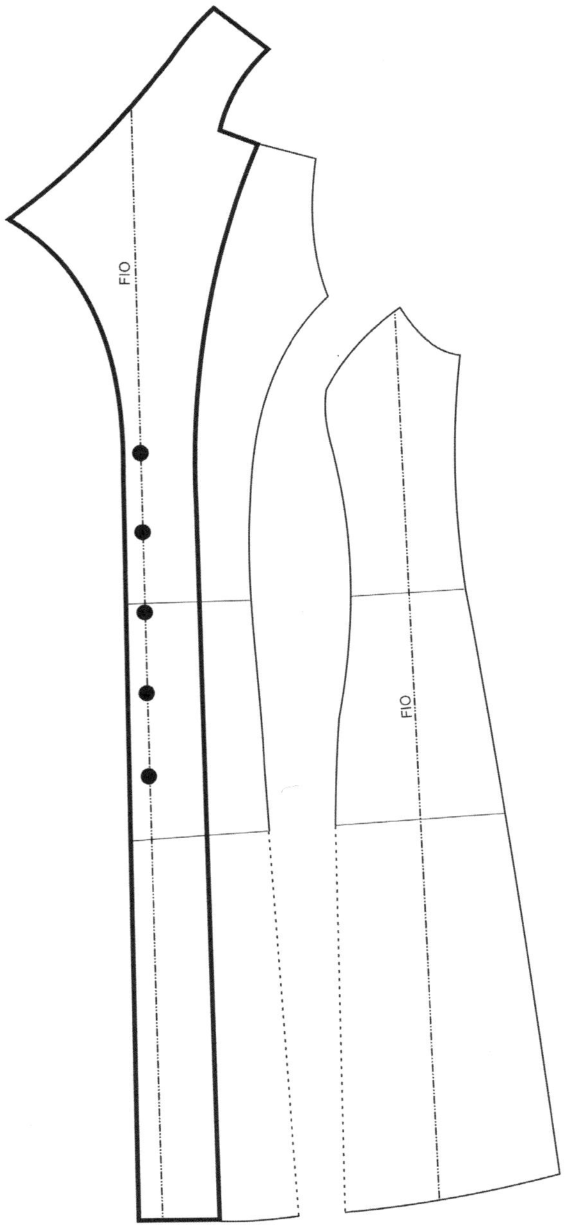

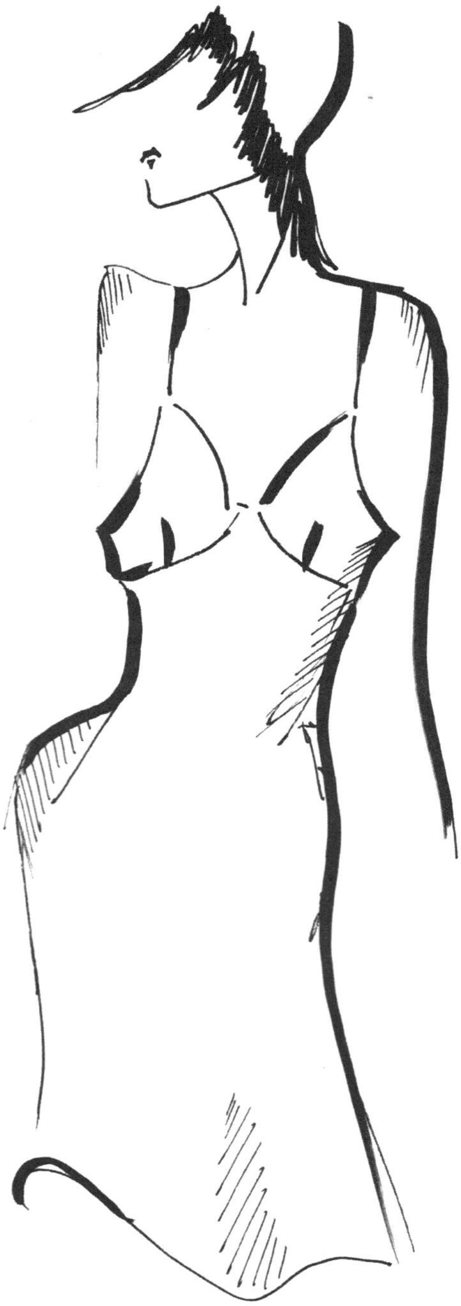

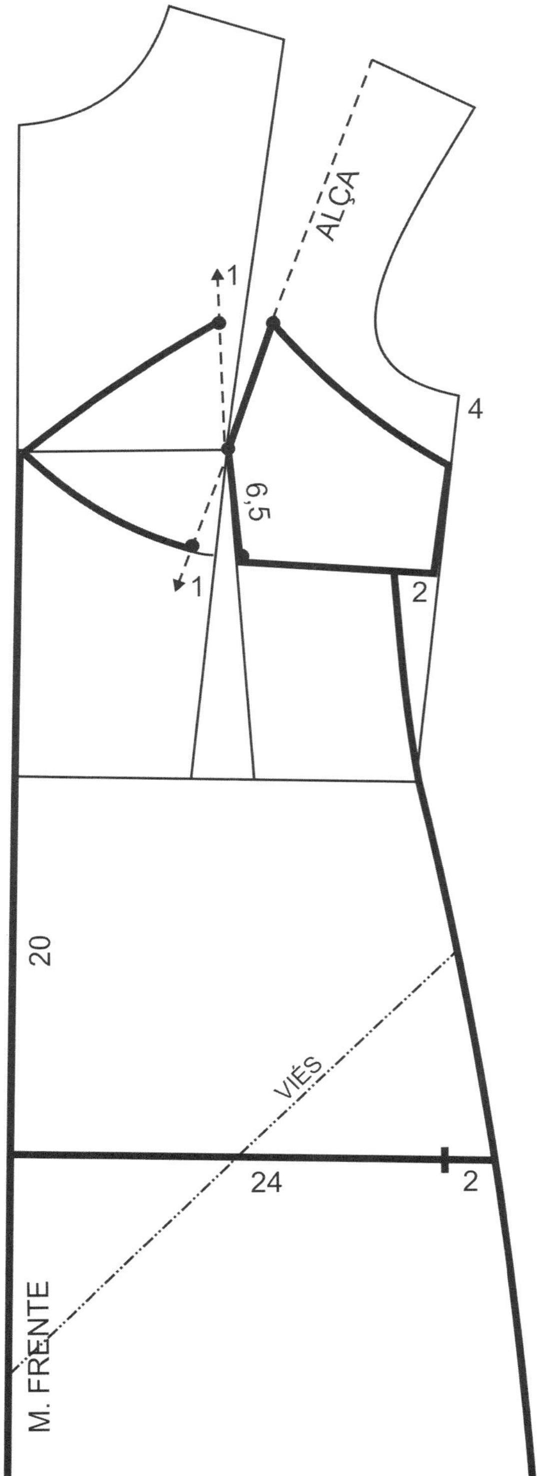

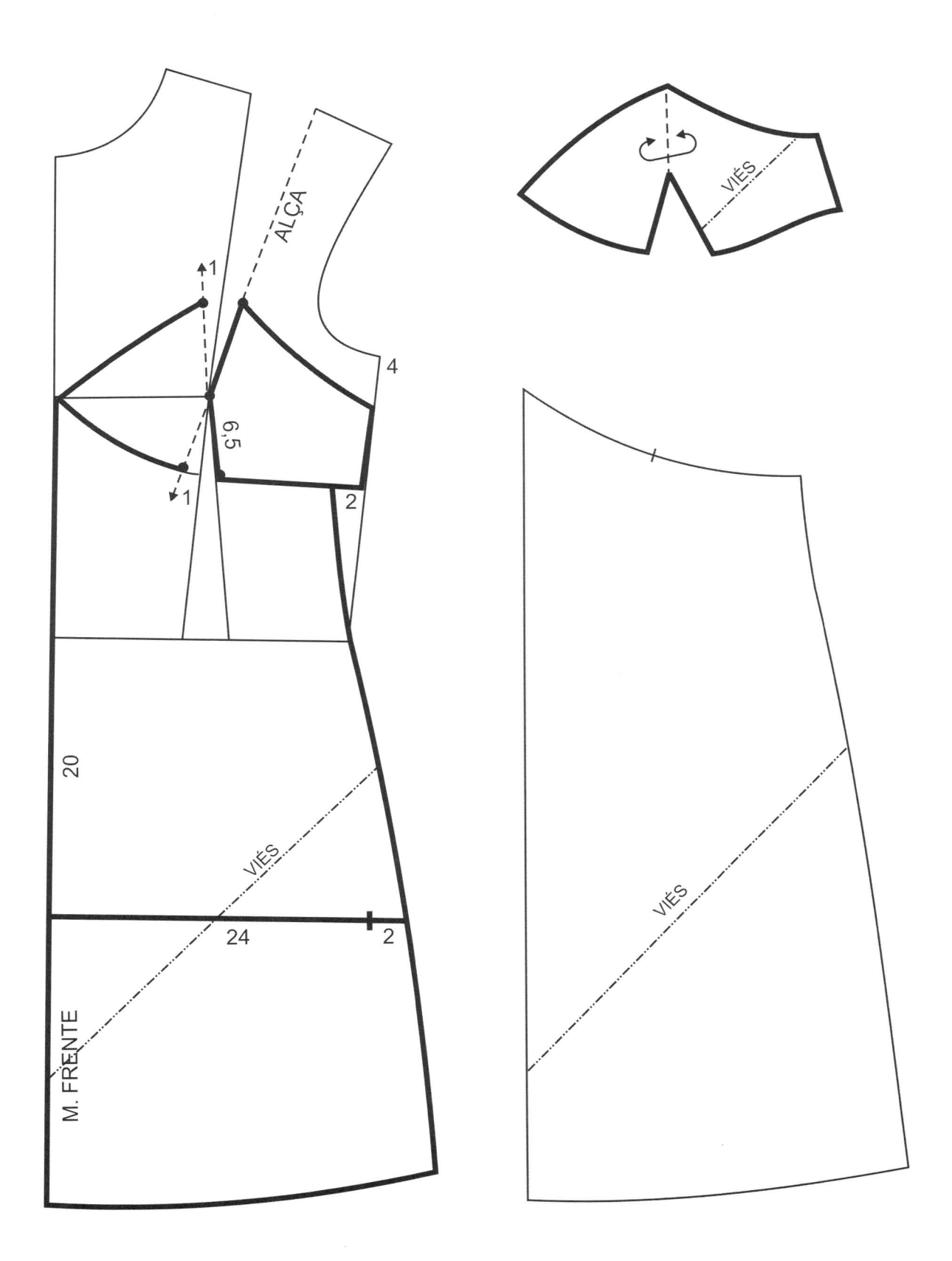

ALÇA
1
4
6,5
1
2
20
VIÉS
24
2
M. FRENTE

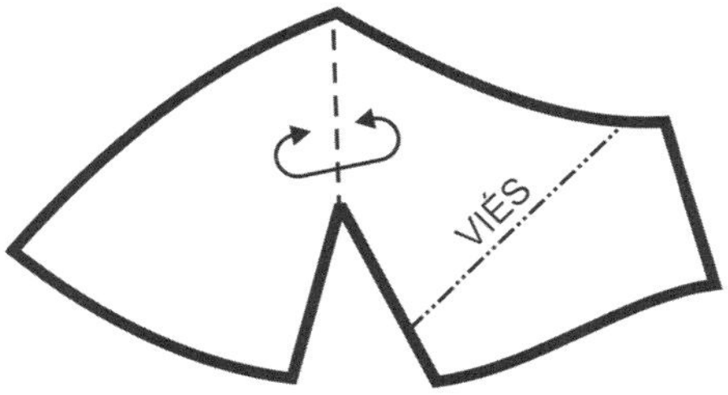

VIÉS

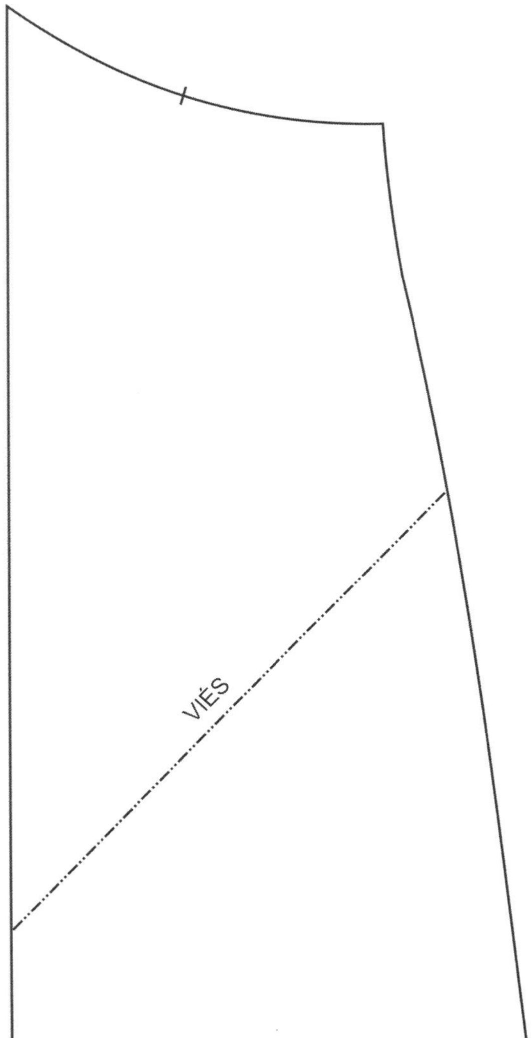

VIÉS

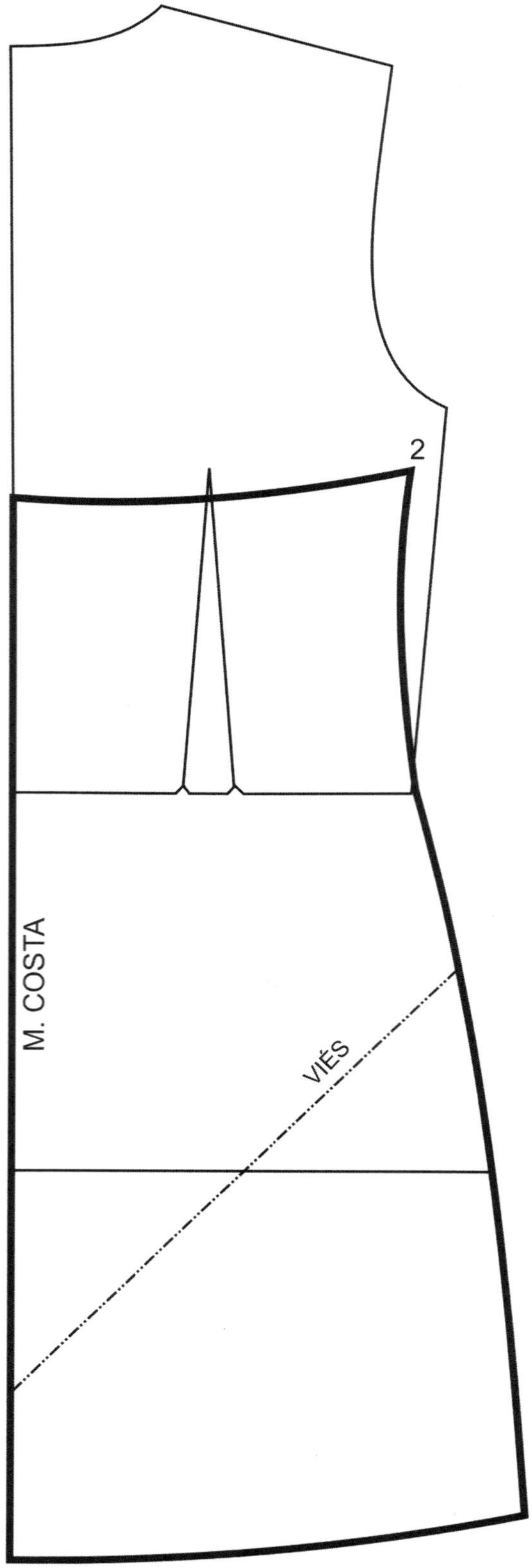
2
M. COSTA
VIÉS

CAMISA FEMININA

CAMISA FEMININA

Copiar a base da blusa feminina sem pence e marcar 15 cm, a partir da linha da cintura, para o comprimento total. É possível acrescentar outro valor, se desejar. Descer a lateral da cintura e formar um retângulo (fig.1).

FIG. 1

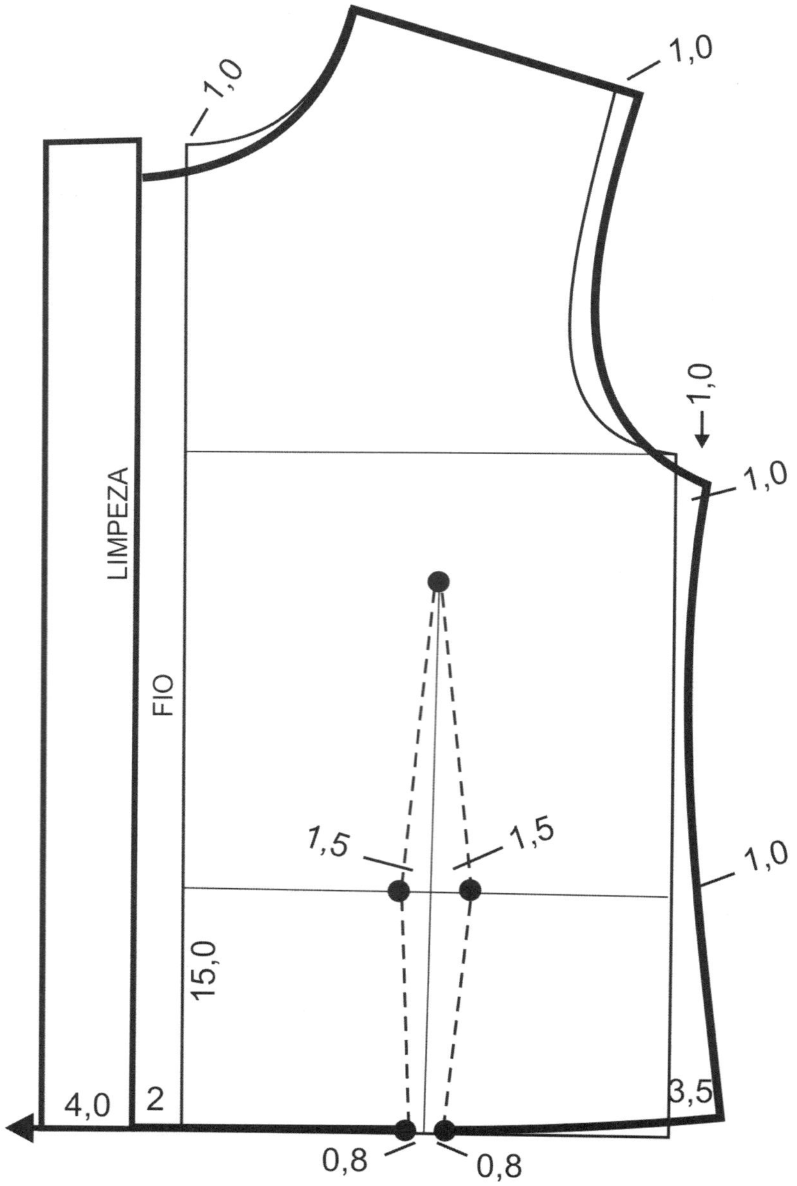

TRANSPASSE

Marcar uma paralela à linha da frente de 2 cm, descer 1 cm na frente do decote da base e retraçar o novo decote até o final do transpasse.

LIMPEZA

Traçar uma paralela de 4 cm à linha do transpasse. Deve-se ultrapassar 2 cm acima da linha do transpasse na altura do decote para que se possa fazer o acabamento cortando o excesso após a costura.

PENCE

Na linha da cintura, marcar 10 cm a partir do meio da frente da base para iniciar a marcação da mesma. A profundidade é de 3 cm, marcando 1,5 cm para cada lado e sua altura é de 16 cm. Descer a linha do meio da pence até o comprimento da camisa e marcar 0,8 cm para cada lado.

FOLGAS

É preciso acrescentar, ao término dessas operações, 1 cm de costura no decote, ombro, lateral e 1,5 cm para o comprimento. Marcar piques no final do transpasse.

OBS.: As folgas poderão ser alteradas à medida que se desejar uma camisa mais ampla.

COSTAS

Sobre a base da blusa costas fazer as mesmas alterações de folga e traçar uma pence com a altura de 18 cm e 1 cm para cada lado na profundidade.

PÉ DE GOLA

Para se construir a gola é necessário medir a circunferência do decote frente da camisa até o transpasse, somar essa medida com a circunferência do decote costas e acrescentar a esse valor 1cm; assim vamos obter a metade da gola da camisa. Traçar um retângulo com esse valor obtido no comprimento e a altura de 3,5 cm. Na parte inferior da frente, subir 1 cm no pé da gola e ligar os pontos em curva a partir do meio do retângulo (fig. 2). Na frente superior do retângulo, entrar 1,5 cm para fazer a curva do pé de gola. Na parte posterior do pé de gola descer 1 cm e ligar em curva. O fio da gola e do pé de gola deve ser no sentido horizontal.

FIG. 2

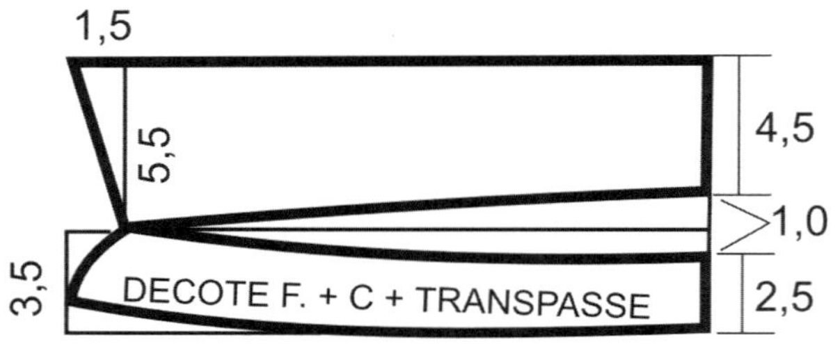

GOLA

Traçar um retângulo acima do pé de gola com 5,5 cm de altura. A largura vai até a ponta da curva do pé da gola. Subir 1 cm na base do meio da gola e ligar a frente em curva (fig. 2). A ponta da gola poderá ser acrescida de 1,5 cm ou, se desejar outra forma, acrescentar outros valores. Separar os moldes usando este tamanho para entretelar. Deve-se cortar dobrado, copiar os moldes e acrescentar costura para o tecido.

MANGA

Copiar a base da manga, medir a cava frente e costas da camisa e acrescentar a esse valor 2 cm para embebimento da manga. Dividir essa medida ao meio e colocar esse valor para cada lado da cabeça da base da manga. Marcar o comprimento da manga não esquecendo que haverá punho no valor de 6 cm para que essa não fique muito comprida (fig. 3). Descer 2 cm na cabeça da manga. Marcar 14 cm da linha do meio da manga na altura do punho. Marcar com piques as duas pregas de 2 cm e espaço de 1,5 cm entre elas (fig. 3).

FIG. 3

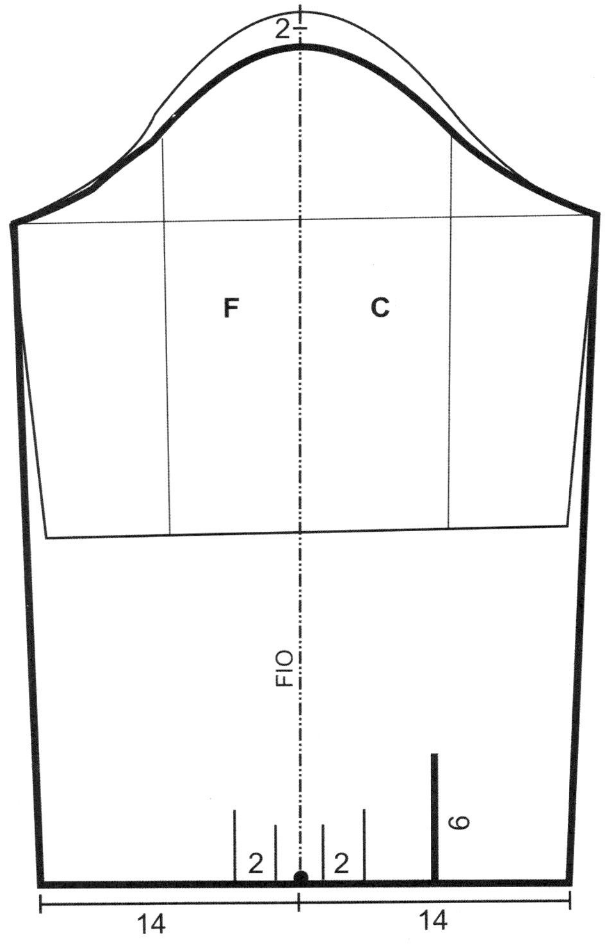

CARCELA

Marcar 7 cm a partir da linha do meio para o lado das costas da manga. O comprimento da carcela é de 6 cm e seu acabamento poderá ser feito com uma tira de 2,5 cm de largura por 14 cm de comprimento.

PUNHO

Traçar um retângulo de 24 cm de largura por 6 cm de altura (fig. 4). Deverá ser cortado quatro vezes no tecido e duas vezes na entretela para os dois punhos. O fio será no sentido horizontal da peça.

FIG. 4

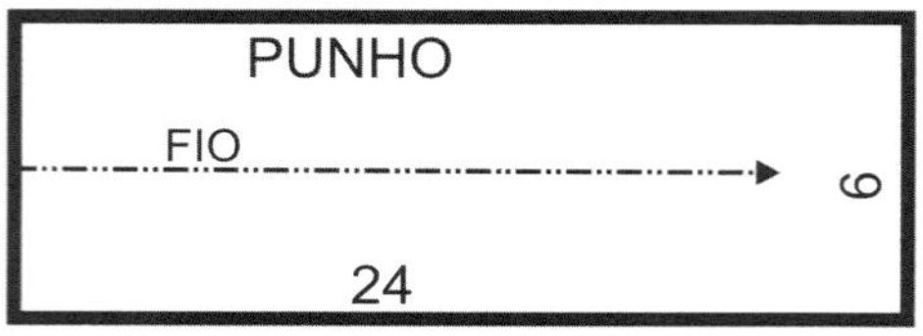

FONTES DE PESQUISA

- Fashion Institute of Technology (FIT) – (EUA)
- Esmod. (França)
- Instituto Marangoni (Itália)
- Gil Brandão (Brasil)

Este livro foi composto em Helvetica.

Papel offset 90g/m² no miolo e cartão supremo 250g/m² na capa.